몬스터하트

2

제작

에이버리 앨더

잭슨 테구

그리고

R.K. 무네이

에게 바칩니다

판권지

잭슨 테구와 레베카 무네이에게 바칩니다.

제작과 집필: 에이버리 앨더
인종과 인종주의 기고문: 시엘 생트 마리, 제임스 멘데스 호데스,
심지연

편집: 다니엘 우드
표지 삽화: 세실리아 레이스
내부 삽화: 에이버리 엘더
무한한 성원: 잭슨 테구

아포칼립스 엔진: D. 빈센트 베이커, 메게이 베이커

새 경험치 규칙은 세이지 라토라와 아담 코벌의 던전월드에서
차용했습니다.

한국어판 번역: 이야기와 놀이
번역: 오승한
감수: 이지형
편집: 복희정

ೂ 목차 ೪

사춘기를 맞을 무렵이면, 사람들은 대개 더는 어둠을 무서워하지 않습니다. 한밤중에 전화로 수다를 떨고, 장황하게 일기를 쓰고, 몽정을 하지요. 그림자 속에 괴물 따위는 없다고 믿으면서 평화롭게 잠을 청합니다.

하지만 그림자 속에는 괴물이 숨어 있습니다. 여러분은 잘 알고 있습니다. 여러분이 바로 괴물 중 하나이기 때문입니다. 가슴 속에는 사악함이 깃들여 있고, 굶주림이 핏줄을 타고 흐릅니다. 고등학교 생활이 어깨를 무겁게 하고, 십 대들의 청춘극 속에서 정신은 곤두섭니다. 하지만 여러분은 힘을 지녔지요. 이제 무엇을 할 건가요?

1장:

게임이 어떻게
돌아가는가

관객

몬스터하트는 플레이어 3~5명이 모여서 하는 게임이며, 한 세션(플레이 모임)마다 2~4시간이 걸립니다. 플레이어 중 하나는 MC 역할을 맡아 MC 전용 규칙으로 플레이합니다. 몬스터하트는 단편 플레이로 즐길 수도 있고, 또는 몇 번의 세션이 이어지는 짧은 캠페인으로 즐길 수 있습니다.

몬스터하트는 퀴어 게임입니다.
즉, 여러 문화권의 이야기에서 전제하는 이성애의 틀을 깬다는 의미입니다. 여러분은 모든 혼란스러운 가능성과 불확실한 욕망 속에서 엎치락뒤치락하며 플레이할 것입니다.

고등학교 호러 드라마

몬스터하트는 자신이 괴물이라는 사실을 숨기는 십 대들의 험난한 삶을 다룬 게임으로, 여러분은 의도치 않은 육신의 변화 앞에서 느끼는 공포와 혼란을 탐구합니다. 캐릭터들은 흡혈귀나 늑대인간, 마녀 등 말 그대로 진짜 괴물입니다. 하지만 괴물성은 소외당한 경험이나 수치심, 퀴어성, 자기 파괴를 비유하는 표현이기도 합니다.

MC를 제외한 각 플레이어는 주연 캐릭터를 한 명씩 만들어서 플레이합니다. 각 주연 캐릭터는 자기가 어떤 괴물인지를 나타내는 스킨을 하나씩 가지고 시작합니다. 스킨은 문자 그대로 캐릭터의 육체인 동시에 캐릭터의 본질을 나타내는 비유입니다. 예를 들어 '흡혈귀' 스킨은 말 그대로 피를 마시는 불사신 흡혈귀입니다. 하지만 '동의'라는 말의 의미를 장난감처럼 가지고 노는 교활한 사람이기도 합니다. 스킨에는 이 두 의미가 동시에 존재하며, 캐릭터는 이 두 속성을 오가면서 이야기를 완성해 나갑니다.

몬스터하트는 책 시작부터 끝까지 플레이에서 벌어질 수 있는 우여곡절을 보여주는 일련의 예시를 준비했습니다. 다음은 첫 번째 예시입니다.

조쉬는 몬스터하트를 플레이하기 위해 친구 세 명을 모았습니다. 조쉬는 MC 역할을 맡았습니다.

코디는 캐시디라는 늑대인간을 만들었습니다. 캐시디는 외진 숲에서 살며, 운동광입니다. 가브리엘라는 제라드라는 마녀를 만들었습니다. 제라드는 아이라이너를 그리고, 군화를 신습니다. 가브리엘라는 자칼스 오브 디스오더가 낸 최신 앨범의 해설문에서 첫 주문을 배웠습니다. 로레인은 레일리라는 인간을 만들었습니다. 레일리는 산 채로 잡아먹히는 악몽에 시달리는 작가 지망생입니다. 레일리는 제라드와 사귀지만, 캐시디는 제라드가 항상 시끄러운 메탈을 듣는다고 싫어합니다.

대화

몬스터하트는 D. 빈센트 베이커와 메게이 베이커가 만든 아포칼립스 월드의 틀 위에서 만들었습니다. 아포칼립스 월드는 매력적이고 화끈한 포스트 아포칼립스 사회를 다루는 게임으로, 꼭 해 볼 가치가 있습니다. 베이커 부부는 아포칼립스 월드에서 '대화'라는 아이디어를 소개했습니다.

이 책을 읽는 독자라면 RPG가 대화로 진행된다는 정도는 알고 있을 것이다. 가상의 상황에서 가상의 인물들이 무슨 일을 하는지, 무슨 꼴을 당하는지에 관해서 MC와 다른 플레이어들이 이야기를 나누는 게 RPG라고 할 수 있다. 대화니까 말을 주고 받는 순서가 있기는 하지만, 보드 게임이나 카드 게임에서 차례를 챙기는 것과는 또 다르다. RPG도 일반적인 대화와 마찬가지라서, 때로는 남의 말을 가로막기도 하고, 서로의 아이디어에 말을 덧붙이기도 하고, 때로는 혼자서 장광설을 풀기도 한다. 그런 것도 다 대화의 일부이다.

이 책에 나오는 룰은 그 대화를 조절하는 역할을 한다. 누군가가 대화 도중에 특정한 말을 하면 룰이 발동되고, 그러고 나면 발동된 룰에 따라 그 뒤에 어떤 말이 나올 수 있는지가 정해지는 것이다. 어려울 것은 하나도 없다.

몬스터하트 역시 대화로 이루어진 게임입니다. 때로는 대화가 두서없이 진행될 수도 있지만, 결국 어느 쪽으로든 흘러갑니다. 여러분은 다른 사람이 말한 내용 위에 새로운 이야기를 쌓습니다. 각 플레이어는 주연 캐릭터를 하나씩 만들어 무엇을 생각하고, 말하며, 행동하는지 책임을 집니다. 주연 캐릭터가 자기 삶을 살면서, 플레이어들은 규칙과 상호작용을 합니다. 규칙은 플레이어들이 이야기를 빚는 데 도움을 주며, 중요한 순간에는 이야기를 뒤흔듭니다. 하지만 MC는 예외입니다. MC는 대화에서 다른 역할을 담당하는 플레이어입니다. MC는 모든 조연 캐릭터를 책임지고, 장면의 틀을 만들며 설정을 관리합니다. MC의 역할은 플레이어와 다르지만, 플레이어와 싸우는 대신 함께 대화하는 역할을 맡습니다.

강령

테이블에 참석한 모든 사람은 다음 네 가지 강령을
공유합니다.
✦ 주연 캐릭터의 삶을 지루하지 않게 합니다.
✦ 이야기를 마음껏 날뛰게 합니다.
✦ 규칙에 따라 말합니다.
✦ 정직하게 말합니다.

일일이 외우거나 점검할 필요는 없습니다. 다만 강령은
서로를 보강하고 게임의 참뜻을 알리는 네 가지 아이디어라는
점을 알아두세요

주연 캐릭터의 삶을 지루하지 않게 합니다.

플레이어는 자기 캐릭터 편을 들어야 합니다. 하지만 편을
든다고 해서 캐릭터를 안전하게 지키라는 말은 아닙니다.
여러분은 캐릭터의 삶을 지루하지 않게 할 책임이 있습니다.
캐릭터가 어떤 존재인지, 무엇을 원하는지, 원하는 것을
얻으려고 무엇을 할지 알아내세요. 캐릭터를 위험에
노출하더라도 말입니다. 캐릭터를 곤경에 빠뜨릴 각오가
없다면 캐릭터를 빛낼 수 없습니다.

다른 몇몇 RPG와는 달리, 몬스터하트에는 뚜렷하게 추구할
목표나 결말은 없습니다. 여러분은 자기 캐릭터가 무엇을
원하는지 결정해야 하며, 어떤 식으로든 적합한 방식으로
원하는 것을 추구해야 합니다. 몬스터하트의 기본 무대는
고등학교이므로, 체면 차리기나 친구를 사귀고 사회적으로
안정감을 얻기, 적이 누구인지 파악하기, 남들에게 행사할
수 있는 사회적인 영향력 얻기, 자기 고통을 다른 사람에게
떠넘기기 등 거의 모든 캐릭터가 가질 법한 몇 가지 목표가
있습니다. 자기 캐릭터가 어떤 인물인지 명확하게 모르겠다면,
이 목표들을 기반으로 이야기를 쌓으세요. 곧, 행동이 필요한
상황에 휩쓸려서 캐릭터가 그 상황에서 무엇을 원하는지 알게
될 것입니다.

이야기를 마음껏 날뛰게 합니다.

규칙에 따라 다른 플레이어들과 대화를 주고받으면, 한
사람의 생각만으로 만들 수 없는 이야기가 탄생합니다.
플레이를 하면서 이야기를 여러분 뜻대로 길들이고 싶은
충동이 들 수도 있습니다. 다음에 정확히 어떤 일이 일어나고,
이야기가 어느 방향으로 흘러갈지 근사한 계획을 짰나요?
여러분 머릿속에서는 무척 근사해 보이겠지요. 그저 다른
플레이어가 무엇을 할지 정하고, 판정 결과를 한두 번
무시하고, 여러분 아이디어대로 이야기가 만들어지도록
밀어붙이면 됩니다. 간단히 말해서, 테이블을 통제하면
됩니다.

몬스터하트의 마법은 누군가 혼자서 이야기를
좌지우지하려고 시도할 때 사라집니다. 이야기는 한 사람의
머릿속에 들어맞을 만큼 작아지며, 다른 사람들은 참가자가
아니라 관객으로 바뀝니다. 함께 만들어 가는 대화가 단 한
사람의 개인적인 이야기로 변질될 때, 아무도 풍성한 경험을
쌓을 수 없습니다.

그러니 통제하려는 충동을 참으세요. 이야기가 얼크러지고
혼란스러워지면서 앞으로 나아갈 추진력을 얻도록 내버려
두세요. 다른 사람들이 여러분의 계획을 망치거나 더욱
개선하도록 두세요. 좋은 이야기는 길들이지 않은 플레이에서
솟아 나온다는 사실을 믿으세요. 다음에 무슨 일이 일어날지
플레이로 알아가세요.

규칙에 따라 말합니다.

주사위는 장식도, 진짜 이야기에 몰입하기 전 치울 장애물도 아닙니다. 다 이유가 있어서 사용합니다. 제한된 조건이 창의성을 끌어내고 예기치 못한 반전으로 흐를 가능성을 만들기 때문에, 몬스터하트에는 액션 규칙이 존재합니다. 여러분은 때로 실패할 것입니다. 때로 허를 찔릴 것입니다.

규칙은 여러분이 하는 일에 끼어들고 방해할 것입니다. 감사하게 생각하세요! 매번 주사위를 들 때마다, 이야기 속에는 다듬지 않은 미지의 가능성이 들어갑니다. 여러분은 지금 이 순간까지 머릿속에서 빚은 계획과 기대를 위험 속으로 던지는 것입니다. 주사위는 다 이유가 있어서 사용하는 법입니다. 이야기를 마음껏 날뛰게 할 수 있으니까요.

액션을 발동할만한 무언가를 말했다면 그대로 따르세요. 주사위를 집었다면 모든 것을 바꾸기 위해서 사용하는 것입니다. 결과를 지켜보세요. 그리고 규칙에 따라 말하세요.

정직하게 말합니다.

미스터리한 분위기를 쌓는 것은 재미있을지도 모릅니다.
하지만 여러분 캐릭터가 비밀을 지키려고 최선을 다하더라도,
여러분 자신은 꼭 다른 플레이어들과 대화를 주고받으세요.
무엇을 원하는지, 무엇을 숨기는지, 실제 정체는 무엇인지
알 수 없는 캐릭터와는 관계를 맺기 어렵습니다. 플레이는
곧 대화임을 명심하세요. 다른 사람들이 자기 캐릭터에게
반응해주기를 원한다면, 여러분 생각을 실제로 입 밖으로
꺼내야 합니다. 때로는 "내 캐릭터는 화났어요. 비록
억누르려고 최대한 노력하지만요." 같은 방식일 수도 있고,
때로는 "전 제 캐릭터가 1년 전에 주차장 근처에서 죽었다고
생각해요. 하지만 지금까지 아무도 제 캐릭터가 구울이라는
사실을 몰라요. 아직도 베키라고 생각할 뿐이죠." 다른
플레이어들을 믿고 함께 좋은 이야기를 만드는 데 필요한
정보를 주세요.

무슨 생각을 하고, 무엇이 필요한지도 서로 생각을 나누세요!
만약 플레이 장면이 개인적으로 불편한 방향으로 흘러간다면
여러분은 생각을 말할 권리가 있습니다. 비록 규칙에 따라
말하는 것이 중요하지만, 우리 모두 편안하고 안전한
마음으로 플레이하는 것도 중요합니다.

MC는 다른 방식으로 정직해야 합니다. 플레이어들에게
정보를 줄 때 관대한 마음으로 기꺼이 도우세요. 누군가의
운명이 여러분의 손에 달려있다면, 세심하게 주의를
기울이세요. 쩨쩨하게 굴지 마세요. 모든 캐릭터가 가진
힘과 자원을 존중하고, 꼬투리를 잡지도 마세요. 하지만,
동시에 자신을 가지고 캐릭터들이 진짜로 치러야 하는 대가를
등장시키세요. 어떤 결과를 치를지도 솔직하게 알려주세요.
필요한 순간이 되면 사정없이 몰아붙이세요.

장면 짜기

플레이는 영화나 드라마처럼 각 장면으로 나뉩니다. 그리고 마찬가지로, 플레이의 모든 순간이 '화면 안'에서만 일어나지 않습니다. MC와 플레이어는 무엇이 장면에 등장할 만큼 중요한지, 언제 장면을 끝낼지, 무엇을 생략하고 다음으로 넘길지 결정합니다. 플레이를 하면서 MC는 플레이어들에게 여러 가지 질문을 할 것입니다. 플레이어의 대답 중 일부는 새로운 장면을 만드는 데 기초가 될 것입니다.

새로운 장면을 시작하는 과정은 장면 짜기라고 합니다. 보통은 매우 간단합니다. 한 장면이 끝나면, MC는 다른 플레이어에게 시선을 돌리고 이런 식으로 말합니다. "그래서, 아밀렌, 저 두 명이 탈의실에서 싸우는 동안 당신은 어디 있나요?" 아밀렌을 맡은 플레이어는 대답한 다음, 새로운 장면이 벌어지는 장소에서 행동을 합니다. "전 옆 반에서 빠져 나와서 쇼핑몰 주변을 어슬렁거리고 있어요. 뭔가를 훔칠 생각입니다. 핸드백 같은 거요." MC는 사람들과 쇼핑몰을 묘사하면서 장면에 좀 더 살을 붙여 대응할 수도 있고, 플레이어가 언급한 주제를 질문해서 아밀렌의 플레이어에게 세부사항을 채우게 할 수도 있습니다. 혹은 다른 플레이어가 자기 캐릭터도 그 장소에 있었다면서 장면에 끼어들 수도 있습니다.

장면 짜기의 권한은 MC가 가집니다. 다시 말해, MC는 다음 장면이 어디에서 일어나는지, 무엇이 일어나는지 결정하는 역할을 맡습니다. 그러나 필요할 경우에는 권한과 책임을 다른 플레이어들에게 나누어 줄 수도 있습니다. 만약 다음 장면에 어떤 활극이 벌어질지, 어떤 **어둠**이 도사릴지 명확히 보인다면, MC는 곧바로 장면을 열 수 있습니다. 명확하지 않다면 플레이어들에게 질문해서 흥미로운 상황을 도입할 기회를 줄 수 있습니다.

액션과 판정

장면을 플레이하는 동안, 여러분은 대화에 기여합니다. 여러분 캐릭터가 어떻게 느끼는지, 무엇을 말하는지 설명하세요. 장면 속 환경에서 무슨 행동을 하고 어떻게 움직이는지 묘사하세요. 1인칭으로 묘사해도("저는 투덜거리면서 두 책상 사이로 비집고 들어갑니다.") 좋고, 3인칭으로 묘사해도("제인은 투덜거리면서 두 책상 사이로 비집고 들어갑니다.") 좋습니다. 사람들은 보통 유기적으로 두 시점 사이를 오갑니다. 때로는 자신도 모르는 사이에 말이지요. 영화처럼 카메라가 침실을 어떻게 비추는지 묘사하거나, 소설처럼 캐릭터의 내면을 설명하는 식으로 다른 매체의 서술 기법을 빌려도 좋습니다.

여러분은 때로 무언가를 말해서 액션을 발동시킬 수도 있습니다. 액션은 캐릭터가 특정한 행동을 할 때 사용하는 규칙이며, 액션이 발동하면 많은 경우 주사위 판정도 합니다. 액션의 종류로는 **흥분시키기**, **폭력 행사하기**처럼 모든 주연 캐릭터가 가진 기본 액션도 있고, 흡혈귀의 **흡혈**이나 늑대인간의 강화된 감각처럼 특정한 스킨만 사용할 수 있는 한정된 액션도 있습니다. 액션에 설명된 대로 캐릭터의 행동을 묘사할 때는 그 액션의 규칙을 따르세요. 반대로 특정한 액션의 이점을 누리려면 우선 캐릭터가 그에 맞는 행동을 한다고 묘사해야 합니다. 어느 방법을 선택하든, 결국 이야기와 규칙은 따로 떼어낼 수 없도록 얽혀 있습니다.

때로는 '알맞은 액션'이 없어서, 캐릭터가 원하는 것을 직접 얻지 못할 수도 있습니다. 모든 상황을 억지로 액션에 끼워 맞추려고 하지 마세요. 때로 대화는 그저 대화일 뿐입니다. 게임 중에는 아무런 액션이 발동되지 않더라도 많은 일이 일어날 수 있습니다. 기본 액션 목록을 보고 현재 상황이 어느 액션에 가장 잘 맞는지 살펴보았지만 어디에도 어울리지 않나요? 아무 문제 없습니다.

판정이 필요한 액션은 네 가지 능력치인 **열정, 냉정, 충동, 어둠** 중 하나를 사용하라고 명확하게 언급합니다. 주사위 두 개를 굴려서 합계를 능력치와 더해 결과를 내세요. **열정**이 2 이고 **"열정으로 판정하세요"**라는 지시가 있다면, 주사위 두 개를 굴린 다음 2를 더합니다. 주사위가 3과 4라면, 결과는 9 입니다.

결과가 10 이상이면 좋은 결과가 나옵니다. 7-9이면 종종 복잡한 결과가 나옵니다. MC는 플레이어에게 어려운 선택이나 치러야 하는 대가를 제시하지만, 여전히 원하는 것을 얻을 수 있습니다. 6 이하면 판정에서 실패하며, MC는 몇 가지 달갑지 않은 결과를 제시할 것입니다.

액션은 대화에서 나오며, 액션의 결과는 다시 대화의 일부가 됩니다. 액션 때문에 무언가가 일어나면, 장면을 둘러 보세요. 액션의 결과로 무엇이 바뀌었는지 확인하세요. 다른 사람들은 방금 일어난 일을 어떻게 생각하나요? 어떻게 반응하나요? 누가 허를 찔리고 누가 기회를 거머쥐었나요? 누군가 여러분 캐릭터에게 **폭력 행사하기**를 사용했다면, 당연히 그 즉시 주사위를 집어 **폭력 행사하기**로 되받아치고 싶은 충동이 들 수 있습니다. 하지만 기다리세요. 아직 대화가 일어나지 않았습니다. 우선 첫 액션의 결과를 확인하세요. 비록 이야기 속에서는 찰나에 불과한 순간일지라도 다른 캐릭터가 실제로 어떻게 생각하고 행동했는지 살펴보세요.

액션과 MC

MC가 사용하는 규칙은 다른 플레이어들과는 다릅니다. MC의 조연 캐릭터들은 액션을 발동하지 않으므로, 주사위를 굴리지도 않습니다. 그 대신 MC는 다른 플레이어들이 액션을 사용해서 주사위를 굴리도록 상황을 준비해서 밀어붙이는 임무를 맡습니다. MC의 역할은 4장에서 설명합니다.

ﾋ
ㄴ

끈은 다른 사람에게 발휘하는 정서적 힘을 의미합니다.
여러분은 특정 개인을 대상으로 끈을 얻을 수 있으며, 상대와
상호 작용을 할 때 화폐처럼 사용할 수 있습니다. 끈은
흥분시키기나 **닥치게 하기**, 또는 각 스킨의 고유 액션으로
얻을 수 있습니다. 끈은 두 사람의 관계에서 발생하는
일반적인 힘의 변화를 반영하는 추상적인 개념입니다. 누군가
끈을 얻었을 때, 서로의 역학관계가 변하는 모습을 확실하게
롤플레이하는 것을 제외한다면 특정한 반응을 보일 필요는
없습니다.

캐릭터 시트에는 끈을 적어두는 공간이 있습니다. 다른
캐릭터의 명단을 이 공간에 적으세요. 명단에 있는
캐릭터에게 끈을 얻을 때마다 이름 옆에 빈 동그라미를
그리세요. 끈을 사용하면 동그라미를 검게 채우세요.

16

끈을 사용할 때마다, 규칙의 효과를 설명하기 위해 이야기
속에서 무언가가 일어나야 합니다. 끈을 사용해서 상대와
맞서는 판정에 +1 보너스를 받는다면, 왜 그런 효과가
발생했나요? 마음에 상처를 주는 신랄한 말을 내뱉었나요?
시키는 대로 하도록 유혹했다면, 상대의 마음을 움직이기
위해 정서적인 이점을 어떻게 사용했나요? 복종의 대가로
달콤한 비밀을 제시했나요? 여러분의 관능적인 매력으로
꼬드겼나요? 때로는 사용할 끈을 어떻게 얻었는지
생각해보면 도움이 될 수도 있습니다.

끈은 기본 액션인 **끈 잡아당기기**에 사용할 수 있습니다.
자세한 내용은 p.26을 참조하세요.

조연 캐릭터 역시 주연 캐릭터들에게 끈을 얻을 수 있습니다.
이 부분은 p.100에서 설명합니다.

방과 후, 레일리는 제라드와 마을을 가로지르면서 무슨 숙제와 연구과제를 해야 하는지 모두 털어놓았습니다. 레일리는 초조해하면서 집으로 걷는 동안 계속 휴대폰 시계를 확인합니다. 제라드는 레일리를 안심시키려 말합니다: "마음 좀 편하게 가져. 항상 학교 이야기만 나오면 벌벌 떨더라. 하지만 별문제 아니잖아. 성적도 좋은데. 조금 어깨에서 힘 빼고 설렁설렁 공부해도 괜찮게 나올거야." 하지만 레일리는 제라드의 말을 듣는 둥 마는 둥 흘려 넘기고는, 여전히 할일 목록을 훑어봅니다.

"나 진심이야. 오늘 할 일은 신경 쓰지 마. 해안가에 갈래? 음식 좀 사서 말이야. 파도치는 해변에서 이런저런 거 하면서 즐기자." 제라드는 온 힘을 다해 레일리의 마음을 흔들려고 노력합니다. 가브리엘라는 레일리를 유혹하기 위해 끈을 사용하기로 합니다. 제라드의 시트를 보면 레일리 이름 옆에 작은 동그라미 몇 개가 있습니다. 이 동그라미는 레일리에게 쌓인 끈을 의미합니다. 가브리엘라는 동그라미 중 하나를 칠합니다.

가브리엘라는 제라드가 끈 중 하나를 어떻게 얻었는지 약간의 세부적인 내용을 기억해 냅니다: 레일리가 욕조를 온통 새카맣게 더럽히면서 제라드의 머리를 염색했던 그 날, 둘 사이가 얼마나 친밀해졌는지 말이지요. 좀 더 확실하게 유혹하기 위해, 가브리엘라는 내용을 슬쩍 덧붙입니다: "제라드는 대답을 기다리는 동안 번들거리는 흑발 머리를 쓸어 올립니다. 머릿결 사이에 가리어졌던 호박빛 눈이 갑작스럽게 드러나네요."

로레인은 묘사를 듣고 미소를 짓습니다. "음, 그런 유혹에 어떻게 저항할 생각을 하겠어요? 레일리는 유혹에 넘어갑니다."

흥분시키기

누군가를 흥분시키면, 열정으로 판정하세요.
10 이상이면, 상대는 여러분에게 끈 1점을 주고 아래 반응
중 하나를 고릅니다. • 7-9면, 상대는 여러분에게 끈 1
점을 주거나, 아래 반응 중 하나를 고릅니다.

✦ 상대는 여러분에게 푹 빠집니다.
✦ 상대는 여러분이 원할 거로 생각하는 무언가를
  약속합니다.
✦ 상대는 당황해서 서투르게 행동합니다.

사람은, 특히 10대는 어떠한 이유로도 흥분할 수 있습니다.
어쩌면 여러분이 보낸 추파나 나중을 기약하는 속삭임,
절묘한 순간에 지은 얼빠진 미소 때문일 수도 있습니다. 혹은
그저 복도에서 여러분이 자기 옆을 지나치는 것을 알아차렸기
때문일지도 모릅니다. **흥분시키기**를 사용할 때는 얼마든지
캐릭터 시점에서 벗어나서 작가처럼 해보세요: 여러분
캐릭터의 뾰로통한 입술이나 달빛에 비치는 겉모습을 묘사해
보세요. 다른 기본 액션과는 달리, **흥분시키기**는 무언가
특별한 행동을 하지 않아도 발동될 수 있습니다. 즉, 반드시
의도적으로 상대를 흥분시키겠다고 선언하지 않아도 됩니다.
때로는 그저 상대가 저절로 흥분할 수도 있으니까요.

이 액션은 몬스터하트가 성적 취향을, 특히 10대의 성적
취향을 어떻게 이해하는지 나타내는 핵심입니다. 누구한테,
무엇에 흥분하는지는 결정할 필요가 없습니다. 강령에 따라
이야기를 마음껏 날뛰게 하세요. 즉, 이 혼란스럽고 예기치
못한 상황에서 여러분 캐릭터의 성적 취향을 드러내는 재미를
만끽하세요.

누군가 여러분 캐릭터를 흥분시켰다면, 둘 사이의 감정적
역학관계는 변화합니다. 만약 끈을 얻었다면, 역학관계 역시
조금씩 변합니다. 어떻게 대응할지는 여러분의 마음입니다.
정직하게 말하세요. 강령에 따라 변화를 인정하고, 여러분
캐릭터가 어떻게 느낄지 상상한 다음 플레이하세요. 만약
줄리아가 모니크를 흥분시켰다면, 모니크가 자기 모든 것을
줄리아에게 바친다는 의미가 아닙니다. 그저 모니크가 어떻게
자연스럽게 반응할지 플레이하세요. 얼굴을 붉힌 채 자리를
피할 수도 있고, 갑작스럽게 긴장이 되어서 말을 더듬을 수도
있습니다.

성적 취향과 이끌림은 p.48에서 좀 더 자세히 설명합니다.

레일리는 구내 식당에 앉아 제라드와 점심을 먹습니다. 캐시디는 둘의 테이블에 쭈뼛쭈뼛 다가가 레일리 옆에 앉습니다. "레이, 올해 축구 동아리에 가입할 생각을 하고 있다면서. 오늘이 가입 마지막 날인데. 들어올 거야? 캐시디는 레일리의 개인 공간으로 좀 더 몸을 기울이면서 기대 어린 미소를 짓습니다. 레일리는 예전에 운동을 했지만, 최근에는 공부와 글쓰기 쪽으로 관심이 기울었습니다. "잘 모르겠는데? 최근 몇 년 동안 운동을 안 했어. 입단 시험을 치르는 건 좀 겁이 나. 아마도?"

캐시디는 씩 웃으며 더욱 들이댑니다. "아, 올해는 시험 없어. 신청자는 모두 팀에 들어올 수 있어. 뭐랄까, 지역 정책 같은 거지. 지난 몇 년간 운동을 안 한 건 아는데, 네가 팀에 들어오면 정말 좋겠어. 너랑 함께 시간 좀 보내고 싶어." 레일리는 마지막 말에 얼굴을 붉히면서 몸을 비비 꼽니다. 제라드는 테이블 건너편에서 쏘아봅니다. 캐시디는 자신만만하게 능글맞은 미소를 지으면서 좀 더 압박을 가합니다. "추가로, 네가 포니테일 머리에 운동화를 신으면 정말로 섹시해 보일 거야. 들어올 거지?"

플레이어들은 캐시디가 흥분시키기를 시도한다고 동의합니다. 그래서 코디는 주사위 두 개를 집어서 굴립니다. 캐시디의 열정 2점을 더해 결과는 11이 나왔습니다. "좋아요." 코디가 말합니다. "레일리한테 끈 1점을 얻었네요. 그리고 로레인은 반응 선택지 중에서 하나 골라야 하고요." 코디가 캐시디의 캐릭터 시트에 방금 얻은 끈을 기록하는 동안, 로레인은 선택지를 봅니다. 로레인은 '여러분이 원할 거로 생각하는 무언가를 약속합니다.' 를 선택한 다음, 레일리의 얼굴이 홍당무처럼 붉어지면서 고개를 끄덕이고는 우물거리듯이 "알았어, 좋아, 가입할게."라고 말한다고 묘사합니다. 그 말을 듣고 캐시디는 신나게 자리를 뜹니다.

닥치게 하기

누군가를 닥치게 하면, 냉정으로 판정하세요. 10 이상이면, 아래 선택지에서 하나 고릅니다. • 7-9면 아래 선택지에서 하나를 고르지만, 어수룩하게 군 탓에 상대에게 상태 하나를 받습니다.

✦ 상대는 여러분에게 가진 끈 1점을 잃습니다.
✦ 여러분에게 가진 끈이 없다면, 상대는 여러분에게 끈 1점을 줍니다.
✦ 상대는 상태 하나를 받습니다.
✦ 여러분은 **다음 번 보너스**를 받습니다.

어쩌면 탈의실에서 내뱉은 잔인한 발언일 수도 있습니다. 혹은 죽이겠다는 협박이나 전교생 앞에서 부끄럽게 만드는 농담일 수도 있습니다. 다른 사람들 앞에서 상대의 힘을 빼앗고 용기를 앗아가려고 한다면, **닥치게 하기**를 사용하세요. 10 이상과 7-9의 차이는 여러분이 침착하고 세련된 모습을 지킬 수 있었는지, 혹은 그 와중에 명성을 깎아 먹지 않았는지 여부입니다.

상태는 캐릭터가 다른 사람들에게 보이는 모습에 영향을 미칩니다. p.31에서 설명합니다.

다음 번 보너스를 선택하면 다음 번 주사위 판정에 +1 보너스를 받습니다. p.31에서 설명합니다.

침착하기

두려움에도 불구하고 침착하게 행동하면, 무엇을 두려워하는지 말한 다음 **냉정**으로 판정하세요. 10 이상이면, 여러분은 **냉정**을 지키고 통찰력을 얻습니다: MC에게 현재 상황과 관계가 있는 질문 하나를 하고 대답에 따라 행동하면 **다음 번 보너스**를 받습니다. 7-9면, MC는 그 행동 때문에 여러분이 어떻게 위태롭게 됐는지 설명합니다. 여러분은 포기하거나 행동을 관철해야 합니다.

사랑하는 이를 지키기 위해 불타는 건물 안으로 달려들거나, 상점에서 권총을 훔치거나, 학교 불량배와 맞서는 등 공포나 불안을 극복하고 행동한다면 **침착하기**를 발동하세요. **침착하기**는 캐릭터의 행동이 필수입니다. 두렵거나 긴장된 상황에서 무언가 적극적으로 행동을 해야만 발동할 수 있습니다.

침착하기가 언제 발동하는지는 분명 주관적인 부분일 것입니다. 발동 기준은 테이블 참가자들에게 달렸지만, 누구보다도 MC와 해당 캐릭터의 플레이어가 특정 상황에서 무언가 하려면 **침착하기**가 필요한지 결정해야 합니다.

여러분이 MC에게 현재 상황에 관해 질문하면, 답을 알아내기 위해서 초자연적인 직감이 필요하다고 할지라도 MC는 솔직하고 너그럽게 대답해야 합니다. 질문은 위험을 감지하거나("이 방에서 가장 큰 위험요소는 무엇인가요?"), 진실한 동기를 밝히거나("왜 오늘 밤 디아다가 여기 왔나요?"), 현재 상황을 설명하는 더 명확한 그림을 파악하는 것일 수도 있습니다("지금 이 집에 다른 사람들이 있나요?") 질문은 눈앞에 닥친 상황과 관계가 있어야 하며, 얻은 보너스는 다음 몇 장면 내에 사용해야 합니다.

폭력 행사하기

폭력을 행사하면, 충동으로 판정하세요. 10 이상이면, 상대에게 피해를 주고, 상대는 반응하기 전 잠시 충격을 받을 것입니다. 7-9면, 상대에게 해를 주지만 다음 선택지 중 하나를 고릅니다.

✦ 상대는 여러분의 진정한 본성을 어느 정도 파악하고 여러분에게 끈 1점을 받습니다.
✦ MC는 상대가 받은 피해가 얼마나 심한지 정합니다.
✦ 여러분은 어두운 자아에 사로잡힙니다.

누군가의 얼굴에 주먹을 날리거나, 늑대의 송곳니로 물어뜯거나, 2층 난간에서 남자친구를 거칠게 밀어젖히는 행동은 모두 **폭력 행사하기**입니다. 캐릭터가 다른 사람에게 물리적으로 해를 가하려고 시도한다면 발동하세요. **폭력 행사하기**는 오직 누군가를 진짜로 두들겨 패려고 할 때만 적용합니다. 즉, 탈의실에서 거칠게 밀어붙이면서 협박을 한다면 **닥치게 하기**가 더욱 적합합니다.

22

몬스터하트에는 상대에게 충격을 주는 액션이 몇 가지 있습니다. '충격'의 의미는 그 상황의 전후 사정에 따라 다양하지만, 보통 상대는 일시적으로 흔들리거나 행동을 하지 못합니다. 어쩌면 얼굴이 홍당무처럼 붉어져서 말을 더듬는 것일 수도 있고, 공포에 찬 비명을 지르며 앞으로 닥칠 위험에서 자신을 보호하는 것일 수도 있습니다. 충격을 받은 결과도 상황에 따라 다양합니다. 체면이 깎인 당황스러운 순간이 될 수도 있고, 주먹다짐 중 적에게 위험하게 선공을 허용한 것일 수도 있습니다.

피해는 문자 그대로 신체적 피해를 받는다는 의미입니다. p.27에서 좀 더 자세히 설명하겠습니다.

도망치기

도망치면, 충동으로 판정하세요. 10 이상이면 여러분은 안전한 장소로 도망칩니다. 7-9면 도망치지만 아래 선택지에서 하나 고릅니다.
✦ 어딘가 더욱 나쁜 곳으로 도망칩니다.
✦ 여러분 때문에 큰 소란이 일어납니다.
✦ 무언가를 남기고 도망칩니다.

불량배들에게 포위당했을 때 급히 문으로 달려가거나, 숲길에서 늑대처럼 생긴 괴물에게 쫓긴다면 도망치는 것입니다. **폭력 행사하기**와 **도망치기**를 함께 묶은 **충동** 능력치는 캐릭터의 '싸움 또는 도주' 본능을 담당합니다.

여러분이 7-9가 나온 다음 '무언가를 남기고 도망칩니다' 를 선택했다면, MC는 여러분이 무엇을 남기고 도망쳤는지 선언합니다. 물론 얼마든지 제안을 던지세요. 어쩌면 평판이 떨어질 자료와 사적 대화가 저장된 휴대전화일 수도 있고, 신경질적인 친구에게 빌린 과학 교과서일지도 모릅니다. 무엇을 남겼든 조만간 그 때문에 문제가 발생할 것입니다.

심연 들여다보기

심연을 들여다본다면, 무엇을 찾는지 말한 다음 **어둠**으로 판정하세요. 10 이상이면, 여러분은 명료한 환상을 봅니다. 환상에 따라 행동하면 **다음 번 보너스를** 받습니다. 7-9면, 여러분은 불명확하고 두려운 환상을 보지만 어쨌든 답은 얻습니다

어쩌면 땅에 육망성을 그린 다음 주문을 외우면서 발을 디딘 것일 수도 있습니다. 혹은 정신을 집중하여 또 다른 의식 속으로 스며들어 간 것일 수도, 숲에서 사악한 목소리와 대화를 나눈 것일 수도 있습니다. 아니면 그저 역사 시간에 깜빡 정신이 나간 것일 수도 있습니다. 넋을 잃고 음울한 내면의 세계에 빠질 때마다, 여러분은 심연을 들여다봅니다.

주사위를 굴리기 전, 스스로 질문하세요: 여러분 캐릭터는 실제로 무엇을 하려는 건가요? 관객들은 무엇을 보나요? 캐릭터마다 답변은 다양할 것이고, 매번 이 액션을 사용할 때마다 달라질 것입니다. 모두 좋습니다! 이야기 속에서 실제로 무슨 일이 일어나는지 이해하는 것이 중요합니다.

청소년 초자연 로맨스물에서 늘 벌어지곤 하는 상징적인 장면을 떠올려보세요. 한 소녀가 어둡고 신비한 반 친구에게 끌립니다. 하지만 친구에게는 무언가 비정상적인, 어쩌면 사악하기까지 한 무언가가 있습니다. 증거는 점점 쌓여만 갑니다. 이제는 증거를 외면할 수 없게 되었을 때, 더는 무관심한 척할 수 없게 되었을 때, 소녀는 컴퓨터를 켭니다. 카메라는 어깨너머로 소녀가 검색 엔진을 찾아 초조하게 키보드를 두들기는 모습을 비춥니다. 눈앞에 수많은 그림과 사진이 나타납니다. 소녀의 눈동자가 커지는 모습이 보입니다. 이제 깨달은 것입니다. 더 이상 부인할 수 없습니다. 친구는 흡혈귀입니다! 이 장면 전체가 바로 **심연 들여다보기**입니다.

끈 잡아당기기

누군가에게 얻은 끈을 1점 사용할 때, 아래 선택지 중 하나 고릅니다.
✦ 여러분이 원하는 일을 하도록 유혹합니다.
✦ 상태를 하나 줍니다.
✦ 상대를 대상으로 한 판정에 +1 보너스를 받습니다.
✦ 상대에게 주는 피해를 1점 더 추가합니다.

다른 PC를 끈 **잡아당기기**로 유혹하면, 여러분이 바라는 대로 할 때 상대는 경험치 1점을 받습니다. 조연 캐릭터를 유혹하면, MC는 어떤 종류의 뇌물이나 위협, 구슬리기를 동원해야 여러분이 원하는 대로 할지 알려줄 것입니다.

처음 두 선택지는 유명한 당근과 채찍입니다. 여러분은 상대에게 보상을 주어서 의지를 굽히고 여러분 뜻대로 하도록 설득할 수 있습니다. 혹은 영향력을 발휘해서 상대에 관한 고약한 소문을 퍼뜨리거나, 상대의 사회적인 지위를 흔들어 여러분에게 잘못을 저지르거나 실망을 안겨준 상대에게 벌 줄 수도 있습니다.

상식적으로 지금 장면에서 할 수 없는 일을 해 달라고 유혹한다면, 상대는 그저 동의만 해도 됩니다. 이후 동의한 대로 일을 해 줄지는 상대의 마음에 달렸습니다.

여러분은 장면에 없는 상대에게도 상태를 줄 수 있습니다. 뒷담화는 울분과 분노를 풀 수 있는 확실한 수단이니까요.

버피 더 뱀파이어 슬레이어를 봤나요? 버피가 스파이크나 글로리 같은 이름있는 악당과 싸우는 모습을 상상해 보세요. 서로 빙빙 돌면서 도발을 하지요. 그리고는 발길질을 하는 중간마다 옛 과거를 끄집어냅니다. 버피는 무서운 악마에 맞서 고군분투하지만, 갑자기 악마는 버피의 기분을 상하게 하는 무언가를 말합니다. 버피는 자제심을 잃고, 자세가 무너지며, 벽으로 내동댕이쳐집니다. 버피는 무척 아픕니다. 단순히 벽에 부딪혔기 때문이 아니라, 그 순간 자신의 개인적인 부분을 건드리는 공격을 당했기 때문입니다. 끈을 써서 판정이나 피해에 +1 보너스를 받는 선택지는 바로 이런 식입니다. 개인적인 부분을 건드리는 공격은 더욱 아프기 마련입니다.

피해

캐릭터는 다치면 피해를 받습니다. 피해는 캐릭터 시트에 있는 삼각형 칸에 연필로 채워서 기록합니다.

여러분 캐릭터는 피해 4점이 차면 죽습니다. MC의 캐릭터는 몇 점이든 이야기상 알맞은 피해를 받으면 죽습니다. 같은 반 약골은 피해 2점만 받아도 입원하거나 죽지만, 늑대인간 폭주족 두목은 피해 5점을 받아도 쓰러지지 않을 것입니다.

맨주먹으로 누군가를 때렸다면 피해 1점입니다. 계단에서 밀쳐 떨어뜨리거나 의자를 던져도 피해 1점입니다. 피해 1점은 탈의실에서 사람들이 이야깃거리로 삼을 만한 소재입니다.

엄청 거대한 발톱으로 공격당하거나 알루미늄 방망이로 관자놀이를 세게 맞으면 피해 2점입니다. 그 보복으로 상대의 집에 불을 질렀는데, 집을 빠져나가기 위해 불타는 문을 거칠게 밀쳐야 한다면 역시 피해 2점입니다. 피해 2 점은 병원에서 치료를 받아도 될 수준입니다. 만약 신고되면 경찰이 방문할 것입니다.

이보다도 더욱 끔찍한 피해를 받으면 피해 3점입니다. 아빠의 스테이션 왜건을 몰고 전속력으로 누군가를 치면 피해 3점일 것입니다.

피해는 몇 가지 방법으로 더욱 늘어날 수 있습니다. 특정 스킨 액션은 피해 1점을 추가하며, 끈 1점을 사용해도 피해 1점을 추가할 수 있습니다.

치료

시간을 들여 자기 상처를 치료하면, 세션마다 한 번씩 피해 1점을 치료할 수 있습니다. 누군가 다른 사람이 그 자리에 같이 있으면서 조심스럽고 친밀하게 (아마도 야릇한 느낌도 은근히 담아서) 여러분의 상처를 치료했다면, 피해 1점을 더 치료할 수 있습니다.

치료는 시간과 정성, 의지가 필요합니다. 단순히 출혈을 멎게 한다고 치료는 아닙니다. 육체적 상처에 뒤따르는 정서적 여파와 고통을 함께 겪는 것이 중요합니다.

어찌 되었든, 캐릭터의 회복 시간은 비현실적이고 영화적인 개념을 따를 수밖에 없습니다. 여러분 캐릭터에게 치료가 어떤 의미인지 생각하세요. 어쩌면 화장실 바닥에서 울부짖는 장면을 짤 수도 있고, 혹은 마침내 마음의 벽을 헐고 칼리가 자신을 도울 수 있도록 허락하는 장면일 수도 있습니다.

캐시디는 수업을 빼먹고 주차장으로 걸어가는 중, 제라드와 우연히 만납니다. 제라드는 얼굴을 심하게 얻어맞은 채 벤치에 누워 있습니다. 셔츠는 피범벅입니다. "젠장, 제라드, 무슨 일이야?" 테이블에 모인 플레이어들은 이미 끔찍한 장면을 플레이했기 때문에 무슨 일이 일어났는지 압니다. 하지만 그렇다고 해서 캐시디나 레일리가 안다는 것은 아닙니다.

캐시디는 얼른 달려와서, 더플 백에서 여분의 스웨터를 꺼내 피를 닦습니다. 제라드는 움찔 놀라서 몸을 조금 부르르 떨었지만, 아무 대답도 하지 않은 채, 자기를 돌봐주도록 내버려 둡니다.

가브리엘라가 말합니다. "좋아요, 시간을 들여서 상처를 돌봤으니까, 저는 피해 1점을 치료할 수 있습니다." 가브리엘라는 제라드의 캐릭터 시트에서 피해를 의미하는 삼각형 중 하나에 칠한 연필 표시를 지웁니다. 코디는 치료 액션을 흘깃 본 다음에 말을 꺼냅니다. "저기, 제가 조심스럽고 친밀하게 상처를 돌보면, 피해 1점을 더 치료할 수 있다고 하네요. 어디… 전 바짝 다가가서 가만히 있으라고 다정하게 속삭입니다." 가브리엘라는 고개를 젓습니다. "으음, 안 돼요. 피를 닦는 건 허락하겠지만, 캐시디가 지나치게 다가오면 방어적인 태도를 보이면서 휙 뿌리칠 거예요. 이전에 캐시디가 레일리에게 수작을 건 게 여전히 마음 한구석에 남아 있거든요. 그리고 참고로, 누가 절 이토록 심하게 두들겨 팼는지는 입을 꾹 다물고 말하지 않습니다."

죽음 피하기

네 번째 피해를 받으면, 죽으세요.

죽음을 피하려면, 모든 피해를 지운 다음, 아래 선택지 중 하나를 고르세요:

✦ 어두운 자아에 빠지세요.
✦ 다른 캐릭터들에게 가진 끈을 모두 잃으세요.

직면한 죽음을 피하는 두 가지 선택지는 폭력과 상처에서 살아남는 두 가지 서로 다른 방법을 의미합니다. 첫 번째 방법은 여러분의 괴물성을 두 배로 키워서 여러분이 얼마나 더 강한 존재가 될 수 있는지 속삭이는 내면의 끔찍한 목소리에 몸을 맡기는 방법입니다. 이 상황에서 어두운 자아에 빠진다면, 여러분은 살아남기 위해 무슨 짓이든 하겠다고 이야기하는 것입니다. 여러분 자신을 바꾸는 한이 있더라도 말이지요. 두 번째 방법은 다른 것을 모두 포기하고 철저하게 자기방어에만 힘을 쏟아서 살아남지만 그 대가로 아무것도 남지 않습니다. 끈을 모두 잃었다면, 용기와 사회적인 역량을 다시 쌓아야 한다는 사실을 의미합니다.

물론, 언제든지 죽을 수도 있습니다. 비록 몬스터하트의 규칙은 최후의 운명을 피할 방법을 충분히 제공하지만, 피할 수 있더라도 죽음 역시 고려할 만한 선택지입니다. 여러분은 강령에 따라 이야기를 마음껏 날뛰게 하고, 정직하게 말해야 합니다. 마지막 피해 칸을 칠했을 때, 여러분은 이야기를 극적으로 다른 몇 가지 가능성으로 이끌 수 있는 기회를 얻습니다. 때로는 다음과 같은 선택이 가장 좋을 수도 있습니다. "루는 피가 흘러나오는 관자놀이에 손가락을 댑니다. 잠시 후 루는 무릎이 꺾이고, 달빛이 비치는 지면에 쓰러집니다. 다시 일어나지 못합니다. 움직이지도 않습니다."

만약 여러분 캐릭터가 죽으면, MC와 다음에 무엇을 할지 상의하세요. 어쩌면 이야기에 얽힌 조연 캐릭터 중 하나를 선택해 다음 주연 캐릭터로 플레이할 수도 있습니다. 어쩌면 동네에 새로 온 친구를 등장시킬 수도 있겠지요. 만약 전체 이야기가 이미 종막으로 흘러가고 있다면, 그냥 몸을 누인 채 나머지 이야기가 어떻게 펼쳐질지 구경하는 편이 어울릴 수도 있습니다.

다음 번 보너스

어떤 액션은 여러분에게 '**다음 번 보너스**'를 줍니다. 이 말의 의미는 다음 번 주사위 판정을 할 때 여러분은 결과에 +1 을 더한다는 의미입니다. 그 중 일부 액션은 여러분이 좀 더 구체적으로 특정 행동을 해야 보너스를 줍니다. 이 경우, 여러분은 해당 행동을 하기 전까지 +1 보너스를 아껴 놓을 수 있습니다.

다음 번 보너스를 받을 때는, 항상 다음 번에 굴리는 한 번의 판정에만 보너스를 적용합니다. 보너스를 사용한 다음에는 시트에 적은 보너스를 지우거나 삭제 표시를 하세요.

상태

여러분을 향한 사람들의 시선과 태도는 여러분이 받는 대우, 그리고 여러분이 자신을 보는 시선까지 결정짓습니다. 상태는 이 같은 캐릭터의 사회적 상황과 약점을 의미하며, 험담이나 부당한 의견, 대인 관계에서 붙는 딱지 등의 형태로 나타납니다. 캐릭터들은 **닥치게 하기**, **끈 잡아당기기**, 그 외의 몇 가지 방법으로 상태를 주고받습니다.

여러분이 상대에게 액션을 쓰면서 상대가 가진 상태를 활용할 수 있다면, 판정에 +1 보너스를 받습니다. 하지만 상태를 활용하려면 이야기 속에서 어떻게 묘사할지 설명할 수 있어야 합니다.

어떤 캐릭터가 가진 상태는 다른 캐릭터들의 생각임을 명심하세요. 캐릭터들이 모니카를 '날라리'나 '잘난척쟁이' 라고 부른다고 해서 플레이어들이 모니카를 그렇게 생각한다거나, 모니카가 진짜로 그런 캐릭터라면 문제가 될 거라고 여기는 것도 아닙니다. 물론, 플레이에서도 해로운 단어를 사용할 때는 반드시 신중하게 생각을 하세요. 저는 백인 여성으로서 제 플레이에서 여성혐오적인 상태는 허용하겠지만 인종차별적인 상태는 사용하지 않을 것입니다. 분야마다 사람들이 가진 경계선은 서로 다릅니다. 개인별 경계선과 팀 전체의 경계선을 결정짓는 법은 3장을 참조하세요.

캐시디는 결국 누가 제라드를 때려눕혔는지 알아냈습니다. 바로 빅과 그 추종자 친구들입니다. 캐시디는 파티에서 빅을 쏘아보며 외칩니다. "잘 들어, 빅, 네가 무슨 생각을 하고 다니는지 모르겠지만, 이제 그 또라이 짓은 집어치워! 만약 네 기괴한 자경단 놀이 때문에 또 누군가가 절뚝거리면서 복도를 지나가는 모습이 내 눈에 띄면, 넌 끝이야. 알겠어? 끝이라고." 캐시디는 축구팀 주장이며, 무니 고등학교의 인기인입니다. 캐시디의 얼굴이 분노로 상기됩니다. 파티에 참석한 사람들의 시선이 모두 쏠립니다.

"닥치게 하기를 사용하게요." 코디가 선언하고, 주사위를 굴립니다. 캐시디의 냉정을 더해서 7이 나왔습니다. "좋아요. 상태 하나 주기를 선택할게요. 하지만 7이 나왔으니까 제가 무엇을 선택했든 저한테 상태 하나를 주세요. 전 빅에게 '통제 불능'이라는 상태를 붙이겠습니다."

빅은 MC가 조종하는 여러 조연 중 하나입니다. "알겠어요. 그 대가로 빅은 캐시디에게 '곤란에 빠지다'라는 상태를 줄게요. 빅이 복수할 거라는 건 파티에 참석한 전원이 아니까요. 빅은 무척 분노했지만, 지금은 궁지에 몰렸고 고립됐기 때문에 당장 보복하지는 않아요." 그다음 캐시디는 난폭하게 밖으로 나갑니다.

상태 해소

상태는 캐릭터 시트에 남아 있는 한 반복해서 활용할 수 있습니다. 그저 한 번 로커에 처박혔다고 해서 '찌질이'라는 꼬리표가 사라지는 것은 아닙니다.

상태는 캐릭터가 적절한 행동을 해서 해결하거나, 큰 집단의 구성원들이 더는 신경을 쓰지 않을 때 사라집니다. "적절한 행동"의 기준은 상태마다 다르며, 어떤 행동이 적합한지 늘 미리 알 수도 없습니다. 캐릭터가 상태를 해결했다고 MC와 다른 플레이어들이 느낀다면, 시트에서 지우세요. 또한, 몇몇 액션을 사용하면 규칙에 따라 상태를 해소할 수도 있습니다.

월요일, 학교에서 캐시디는 역사 시간에 몰래 빠져나와 담배를 피우기 위해 학교 옥상으로 올라갑니다. MC는 지금이 빅의 친구 중 하나인 제슬린과 우연히 마주치게 할 수 있는 절호의 기회라고 결정합니다.

"어라, 다른 사람이 여기 올 줄은 몰랐는데!" 제슬린은 팔짱을 끼며 살짝 가시 돋친 목소리로 말합니다. MC는 계속 설명합니다. "제슬린은 며칠 전 파티에서 벌어졌던 말싸움을 생각하면서 캐시디를 응시합니다. 이 상황에서 빅을 향한 충성심을 내세워야 하나 고민하면서요. 사실, 제슬린은 여기 그저 울려고 왔거든요."

코디는 캐시디가 조금 느릿느릿 반응하면서, 얼굴에 편안한 미소를 띠었다고 묘사합니다. "그래, 괜찮아. 여기로 와, 자, 내 품은 넓으니까." 캐시디는 머뭇대다가 다가오는 제슬린을 향해 두 팔을 활짝 벌립니다. 두 소녀는 몇 분간 함께 침묵을 나눕니다. "있잖아, 캐스, 우리 중 많은 애는 아직도 너를 좋아해. 네가 그렇게 말한 후에도 말이야." 캐시디는 그저 고개를 끄덕이면서, 머리 위에서 빙빙 도는 구름을 바라봅니다. 플레이어들은 이번 장면에서 캐시디의 '곤란에 빠지다' 상태가 충분히 해결되었다고 모두 동의합니다. 코디는 시트에서 이 상태를 지웁니다.

경험치와 성장

주연 캐릭터는 경험치를 사용해 새 액션을 익히고, 능력치를 높이고, 주변에 자기 영향력을 늘리면서 점점 강력해집니다. 여러분은 실패와 역경을 발판삼아 성장하기 때문에 판정에 실패할 때마다(결과가 6 이하일 때) 경험치를 1점 받습니다. 또한, 일부 스킨은 경험치를 받는 액션을 갖추었습니다.

마지막으로, 다른 플레이어가 여러분 캐릭터에게 **끈 잡아당기기**를 사용해서 "여러분이 원하는 일을 하도록 유혹합니다"를 선택할 때, 유혹에 넘어가면 경험치를 받을 수 있습니다.

경험치는 캐릭터 시트에 표시된 동그란 칸을 채워서 기록합니다. 경험치 란의 칸 다섯 개를 모두 채우면, 경험치 란 아래에 있는 성장 목록에서 하나를 선택할 수 있습니다. 성장을 하나 선택했으면, 칠했던 경험치 칸을 모두 지운 다음 다시 시작합니다.

여러분은 어떤 성장을 할지 선택해서 캐릭터를 몇 가지 방법으로 강하게 만들고 키울 수 있습니다. 능력치 중 하나를 +1 늘릴 수도, 새 액션을 얻을 수도, 그 외의 다른 길을 선택할 수도 있지요. 인간을 제외한 모든 스킨은 성장으로 얻은 선택으로 굵은 글씨로 나타낸 특정 무리에 들어가거나, 새 무리를 만드는 선택지를 고를 수도 있습니다. 예를 들어 웨어울프는 **늑대 떼**에 낄 수 있고, 마녀는 **집회**에 참여할 수 있으며, 유령은 **귀신들린 집**에 머무를 수 있습니다.

무리

인간을 제외한 모든 스킨은 성장을 할 때 직접 무리를 모으거나 특정 무리에 가입할 수 있습니다(굵은 글씨로 표시했습니다). 여왕은 게임을 처음 시작할 때부터 무리를 얻습니다.

무리의 지도자와 구성원은 자신이 할 일을 요구받습니다. 때로 캐릭터들은 요구를 이행하기 위해 안전지대에서 벗어나 힘든 결단을 내려야 합니다. 여러분 캐릭터가 무리의 일원이라면, 그 결과 무언가 혼란스러운 일이 발생할 것입니다. MC는 무리 구성원들의 목소리를 대변하고, 이들이 갑작스럽게 캐릭터에게 어려운 요구를 하는 상황을 찾아내세요.

하지만 캐릭터는 동료들의 도움을 받을 수도 있습니다. 캐릭터가 하는 일을 무리가 돕는다면, 관련 판정에 1을 더하세요. 무리의 도움을 받아 폭력을 행사한다면, 피해에 1을 더하세요.

하지만 무리의 각 구성원은 여전히 MC가 담당한다는 사실을 잊지 마세요. 구성원들의 성격이나 능력, 야망은 모두 MC가 맡습니다.

퀴어 주제

퀴어 주제는 게임을 더욱 흥미진진하게 만듭니다. 창피함과 혼란, 욕망의 새로운 영역을 탐구할 기회를 주지요. 퀴어 주제는 오래된 장르의 관습을 해체한 다음, 분해된 조각을 모아 새로운 이야기를 쌓습니다. 그리고 "괴물"들에게 생명을 불어넣습니다.

성소수자 청소년들은 각종 매체에서 지워지거나 잊히곤 합니다. 성소수자 청소년들의 이야기는 보통 눈요기용 불행 포르노로 나타나거나, 생생한 경험에서 우러나오는 혼란스러움을 포착하지 못한 채 검열되고 맥빠진 모습으로 비칩니다. 몬스터하트는 여러분에게 우리 문화 속에서 주목받지 못하는 성소수자들의 흥미진진하고 복잡다단한 이야기를 만들 기회를 줍니다.

여기에는 실용적인 이점도 있습니다. 퀴어 주제가 이야기 속에 포함된다면 작은 집단 내에서 더욱 많은 연애 관계가 발생할 가능성이 생긴다는 의미이므로, 여러분은 촘촘하면서도 끊임없이 변화하는 관계의 그물망을 만들 수 있습니다. 만약 성소수자가 짝사랑을 할 때는 또다른 긴장상황이 이야기 속에 섞일 수도 있습니다. 아웃팅을 당할 수도, '게이 패닉' 폭력의 희생자가 될 수도, "하지만 이 마을에서 나 말고 동성애자는 너밖에 없잖아. 어떻게 네가 나한테 이럴 수 있어?" 같은 상황이 벌어질 수도 있겠지요. 캐릭터가 성소수자라는 전제로 플레이를 한다면 더욱 많은 기회와 위험을 마주칠 수 있으며, 같은 수의 캐릭터로 더욱 다양한 이야기의 가능성을 만들 수 있습니다.

그렇다면, 퀴어 주제를 실제로 플레이에 어떻게 도입해야 할까요? 몇 가지 방법이 있습니다. 무엇보다도, 그냥 규칙을 신뢰하고 설명대로 활용하세요. 주연 캐릭터는 상대의 젠더가 무엇이든 **흥분시키기** 판정을 할 수 있으며, 몬스터하트는 이를 적극적으로 장려해서 게임의 중심으로 둡니다. 동성애든 이성애든, 어떠한 성적 정체성을 가진 캐릭터도 **흥분시키기**의 도전을 피할 수는 없습니다. 주사위 결과에 깜짝 놀라세요. 그리고 새로운 반전을 도입하세요.

그다음으로는, 퀴어 주제의 가능성을 어떻게 플레이에
나타내고 파헤칠지 생각해 보세요. 다음은 몇 가지 예입니다:

✦ 여러분 캐릭터가 진짜로 원하는 것이 무엇인지 깨닫고
흔쾌히 놀라세요.

✦ 여러분 캐릭터의 진짜 소원이 자신을 보는 관점과 어떻게
상호작용을 하며, 그 결과 캐릭터가 자신을 어떻게
생각하고 스스로 어떤 꼬리표를 붙일지 생각해 보세요.

✦ 자신의 몸이 뜻대로 되지 않는다는 것이 어떤 의미인지
탐구하세요. 여러분이 밤거리를 돌아다니면서 사람을
잡아먹는 괴물이라는 의미인지, 트랜스로서 원하지 않는
사춘기의 신체 변화를 겪는다는 의미인지, 아니면 둘
다인지 말입니다.

✦ 여러분이 흡혈귀라면, 스스로 질문하세요: 남자의
피를 빨 때, 여자의 피를 빨 때와 같은 느낌을 받나요?
여러분의 흡혈 선호도는 연애 선호도와 어떻게 다른가요?
흡혈은 성적인 행위와 같다고 생각하나요?

✦ 여러분이 MC라면 성소수자 캐릭터들을 등장시킨 다음
캐릭터마다 각자 완전히 다른 인물로 만드세요. 때로는
캐릭터들의 성적 취향과 젠더를 부수적인 문제로
취급하고, 때로는 이야기를 이끄는 혼란스러운 요소로
만드세요.

몬스터하트를 플레이하면서 여러분이 생각하는 젠더와
성적 취향, 관계, 정상과 괴물을 가르는 기준을 탐구하고
부딪히세요.

소속감과 차이

사춘기 청소년들은 사회에서 자신이 어떤 존재인지, 어디에 속해 있는지를 정말로, 정말로 중요하게 여깁니다. 일관된 사회적 정체성과 소속감을 느끼지 못하는 청소년들은 자신감이 부족하고 육체적으로도 괴로워합니다. 청소년들은 자신이 어딘가에 속해 있다는 느낌을 얻기 위해서 무엇이든 하려 합니다. 설령, 그 과정에서 자신이 파괴될지라도 말입니다.

괴물성과 맞서 싸워야 하는 몬스터하트의 주연 캐릭터들은 마치 치열한 전투를 벌이듯 소속감을 찾아 헤맵니다. 어쩌면 차이점을 숨기고 억누르려 하면서 먹구름처럼 뭉게뭉게 밀려들어 오는 수치심에 시달릴 수도 있습니다. 혹은 불안감을 숨기기 위해 경솔하고 사납게 굴 수도 있습니다. 또는 이 광활한 세상에서 자신을 믿어줄 거라 생각하는 단 하나의 사람에게 모든 관심을 기울이고, 그토록 갈구해왔던 자기 확신을 당장 얻기 위해 너무나도 성급히, 지나치게 많은 내용을 털어놓을 수도 있습니다. 캐릭터들이 저지를 법한 위험한 행동 형태는 가지각색입니다.

강령 중 하나인 "정직하게 말합니다"에는 소속감과 차이 때문에 발생하는 불안감을 받아들여 여러분 캐릭터의 선택에 반영하라는 의미가 들어 있습니다. 또한, 이 강령에는 그 밖의 여러 가지 다른 차이를 직면하고 부딪히라는 뜻도 있습니다. 여러분 캐릭터는 공동체에서 문화적으로, 또는 인종적으로 국외자인가요? 낙제했나요? 뿔뿔이 흩어진 가정 구성원인가요? 예쁜가요? 집은 부유한가요? 아니면 배급 쿠폰으로 연명하나요? 아버지가 감옥에 갔나요? 비록 몬스터하트에서 가장 뚜렷하게 드러나는 차이는 캐릭터의 괴물성과 성적 취향이지만, 그게 전부라는 의미는 아닙니다.

인종 문제 경험하기

시엘 상뜨-마리, 제임스 멘데스 오데스, 심지연 씀

흡혈 충동과 비교하자면 어두운 피부나 거친 억양, 쌍꺼풀 없는 눈은 별 것 아닌 것처럼 보입니다… 인종 차별을 평생 경험해 본 적이 없다면 말이지요. 괴물성은 숨길 수 있습니다. 인종은 게임 속이든 현실이든 괴롭힘이나 따돌림, 폭력을 당하는 원인이 될 수 있습니다.

인종과 민족, 국적과 종교는 거의 모든 이야기와 사람들의 상호작용에 영향을 끼칩니다. 게임 속에서 그 역학 관계를 탐구한다면 흥미진진하고 생동감 있는 플레이를 할 수 있을 뿐만 아니라, 현실 속 플레이어들을 돕고 보호하는 데에도 기여합니다. 여러분이 어떤 정체성을 가졌든, 분명 게임 속에서 다양한 문화를 잘 표현할 수 있을 것입니다. 하지만 인종 문제의 역학 관계가 아예 아예 없는 것처럼 지나치게 무시해서도, 이야기 속 내용으로 현실 플레이어를 상처입힐 만큼 지나치게 강조해서도 안 됩니다. 두 극단 사이에서 균형을 잘 잡으세요.

40

몬스터하트는 안전하고 통제되는 방식으로 과감하게 십 대가 겪는 부정적이고, 고통스러우며, 해로운 사회적 요소를 다룹니다. 그렇기 때문에 여러분은 인종주의자 캐릭터를 만들어도 좋습니다(어쩌면 불가피할 수도 있습니다). 가장 굳건한 반 인종주의자들마저도 스스로 의식하지 못하는 차별주의를 마음속에 지닐 테니까요. 하지만 전체 테이블에서 여러분 캐릭터의 인종주의적인 선택을 명확히 밝히지 않는다면, 실제로 인종주의 때문에 고통받는 플레이어들을 상처입힐 수도 있습니다. 부정적인 특성은 공개적이고 뚜렷하게 드러날수록 더욱 안전한 플레이를 보장합니다. 플레이어들이 플레이 도중에 놀라거나 곤란해하지 않을 테니까요. 플레이 전 사전 동의를 거친다면 플레이어들은 자기 생각을 어렵지 않게 말할 수 있고, 여러분은 의견에 따라 캐릭터의 행동을 조절할 수 있기 때문에, 테이블의 분위기를 깨뜨리지 않고도 부정적인 특성을 표출할 수 있습니다.

인종 주제를 만족스럽고 알차게 논의하려면 사용하는 단어부터 주의를 기울여야 합니다. 인종차별을 겪은 사람은 이런 단어가 사람들에게 어떻게 영향을 미치는지 차별을 겪지 않은 사람보다 잘 압니다. 이들은 여러분을 가르칠 마음가짐이 준비되어 있을 수도, 되어 있지 않을 수도 있습니다. 그러니 상대가 어떻게 하는지를 보고 감을 잡으세요.

인종 문제는 어렵습니다. 때로는 실수할 수도 있습니다. 괜찮습니다. 우리도 실수했으니까요. 아래 질문들이 도움을 줄 것입니다. 여러분의 조심성과 신실함, 상냥함, 적극적으로 듣는 자세를 활용하세요. 상냥함과 부끄러움, 신실함, 용서 속에서 위험을 감수하고 변화를 만들어내세요. 3장을 보고 플레이어들과 함께 문제를 헤쳐나가세요.

여러분 마을

여러분은 플레이 무대가 될 마을을 어떻게 생각하나요? 무슨 생각을 전제로 두나요? 마을 사람들은 이곳에서 어떤 대우를 받나요? 어떤 편견과 고정관념 아래에서 사나요?

여러분이 사는 장소의 인종 구성은 어떻게 이루어졌나요? 종교 구성은 어떤가요? 얼마나 다양한가요?

문화적인 경험이 사회의 기준과 시선을 어떻게 정하는지 생각하세요. 사회에서 지배적인 위치에 있는 구성원들은 주변부 사람들과 매우 다른 삶을 경험할 것입니다.

사람들이 생각하는 "평범한 마을 사람"의 모습은?

"평범한 십 대"의 개념을 자세하게 검토하세요. 정상의 기준에서 벗어난 청소년은 여러 가지 압박을 받으며, 심하면 폭력의 희생자가 되거나 심지어는 목숨을 잃을 수도 있습니다.

소외 현상이 이야기 속 중요한 장소에 어떤 영향을 끼칠까요?

고급반이나 과외 활동에서 특정한 인종이 지배적인 위치를 차지한다면 어떤 종류의 긴장이 조성될까요? 주류에 맞서는 소수 인종은 어떤 도전을 받을까요?

여러분 캐릭터

다음 질문은 주연, 조연 캐릭터와 관련이 있습니다.

캐릭터의 인종은?

여러분은 자신과 다른 인종으로 캐릭터를 만들어도 좋습니다. 하지만 고정 관념에 사로잡힌 모습을 피하고 올바른 문화적 표현을 할 수 있도록 신경 쓰세요. 현실적인 캐릭터는 어떤 부분에서는 자기 인종과 관련이 있는 경험과 특질을 갖추었지만, 다른 부분은 그렇지 않습니다. 캐릭터를 만들고 롤플레이할 때 인종과 관련이 있는 부분과 없는 부분 모두를 고려해서 나타낸다면, 캐릭터는 단순한 들러리나 부정적 전형을 뛰어넘어 다채롭고 복잡한 인물이 됩니다.

다른 사람들은 캐릭터를 보고 어떤 추측을 하나요?

사람들은 자기 인종과 연관이 있는 행동 양식이나 일, 취미나 취향 등을 가질 수도, 가지지 않을 수도 있습니다. 그러나 별다른 숙고 없이 형성된 선입견은 매우 불안하고 고통스러운 방식으로 우리가 생각하는 현실을 만듭니다. 차별받는 사람들은 선입견 때문에 특정한 직업이나 사회 복지 서비스를 받지 못할 수도 있고, 일정한 교육을 접할 기회를 가로막힐 수도 있습니다. 즉, 선입견은 우리가 자신을 생각하고 느끼는 모습과 바깥세상 사람들이 우리를 생각하고 다루는 모습을 서로 어긋나게 만들어서 감정적인 충돌을 불러일으킵니다.

인종적인 배경은 캐릭터의 생각과 인식에 어떤 영향을 끼쳤나요?

여러분 캐릭터의 문화는 어떤 가치를 중요하게 여기나요? 이 마을의 가치와 유사한가요? 캐릭터의 개인적인 가치관은 마을의 문화적 전통과 조화를 이루나요, 마찰을 빚나요? 가족이나 친구들과 관계를 맺는 데는 어떤 식으로 영향을 미치나요?

42

MC를 위한 질문

다음 질문들은 MC 여러분이 펼칠 스토리텔링의 기반이 되는 각종 유형 및 구조와 관계가 있습니다.

원칙과 강령, 리액션을 사용해 어떻게 이야기 속 세계를 다양한 모습으로 만들 것인가요?

예를 들어, 유럽 출신의 미국인들에게 흔하지 않은 이름 목록을 준비하세요. 주류 바깥의 문화에서 전해지는 초자연적 현상을 공부하세요. 각 문화가 괴물과 마법을 보는 시각은 그 문화권에서 알려진 전설과 이야기에 따라 달라집니다. 용을 대하는 동양의 태도와 드래곤을 대하는 서양의 태도 차이는 좋은 예입니다.

어떤 역학 관계를 기반으로 캐릭터들에게 반응하고, 악당을 등장시키나요?

유색인종 괴물은 백인 괴물보다 정체를 들킬 위험을 좀 더 많이 겪습니다. 유색 인종 캐릭터가 모는 차는 경찰들이 더욱 많이 수색할 것이기 때문에 차에 숨긴 셀키의 가죽을 좀 더 쉽게 들킬 가능성이 있습니다. 학교에 간 유색인종 아이들은 쉽게 괴롭힘의 대상이 되기 때문에 자제심을 잃고 초자연적 힘을 발현할 확률이 더욱 높습니다. 괴물 사냥꾼들은 마을 사람들이 여러분을 애써 찾으려 하지 않는 사실을 알기 때문에 좀 더 거리낌 없이 행동에 나설 것입니다.

이야기 속에 문화의 다양성을 어떻게 나타낼 것인가요?

시간이 날 때 다른 문화권 사람이 만든 책과 영화, 대중 매체를 접해보세요. 그리고 계속 작품들을 보면서 사람들을 이해해 나가세요. 다른 문화권에서 만든 작품의 분위기를 이해하고 그 안에 담긴 진짜 의미를 깨닫기란 쉽지 않습니다.

섞여 들어가기

플레이어가 별도로 선언하지 않는 한, 주연 캐릭터들은 모두 평범한 인간 사회 속에 잘 섞인 것으로 간주합니다. 모든 캐릭터는 고등학교나 영화관처럼 오늘날 청소년들이 갈 만한 장소라면 어디든지 갈 수 있을 정도로 평범한 인간처럼 보입니다. 때로는 실수를 저질러서 의심을 살 행동을 할 수도 있고, 때로는 엉뚱한 사람에게 비밀을 들킬 수도 있습니다. 하지만 일반적으로 친구와 교사들은 무슨 일이 일어나 캐릭터들의 정체가 폭로되기 전까지는 캐릭터들이 괴물이라는 사실을 모를 것입니다.

MC가 할 일 중 하나는 질문입니다. 각 캐릭터가 어떤 방식으로 인간 사회에 섞였는지 물어보세요. 터무니없는 대답이 나와도 좋습니다. 흡혈귀를 플레이하지만, 햇빛 문제를 신경 쓰고 싶지 않은 플레이어가 "잘 모르겠어요. 아마 햇빛에서 보호해주는 마법 반지를 가지고 있을지도요?"라고 대답해도 받아들이세요. 이 예시는 수백만 명의 시청자들이 본 실제 TV 드라마에서 나온 방법입니다. 기준을 얼마든지 낮추세요.

주연 캐릭터들은 인간들 사이에 잘 섞여들어가지만, 어떨 때는 아슬아슬한 순간이 오기도 합니다. 사람들은 각자 조금씩은 직감이라는 것을 지녔습니다. 그러므로 때로는 조연 캐릭터가 무언가 알아차릴 것입니다. 일부 주연 캐릭터는 게임이 처음 시작할 때부터 서로 정체를 알 것이며, 어떤 주연 캐릭터들은 플레이를 하면서 알게 될 것입니다. 누군가 여러분의 진짜 본성을 아는 순간이 올 때부터 상황은 여러 가지 가능성으로 가득 차기 시작합니다. 다음에는 어떻게 할 것인가요?

어두운 자아

예, 여러분 캐릭터들은 괴물입니다. 그러나 동시에 자신이 어떤 처지에 놓였는지를 이해하려고 노력하는 십 대 청소년이기도 하지요. 캐릭터들은 희망을 품고, 두려움을 안고, 친구들의 기분을 맞추려 노력하며, 서투르게 대처합니다.

때로 캐릭터는 고통이나 유혹, 혼란스러운 상황 때문에 어두운 자아에 빠지기도 합니다. 그 순간, 캐릭터는 변화를 겪습니다. 더 자신을 억제하지 않고 괴물에 굴복하거나 괴물을 받아들이지요. 어두운 자아에 빠진 캐릭터는 이제 자신이 누구인지 갈등을 겪지 않고 누구나 알 수 있는 진짜 괴물이 됩니다. 어두운 자아는 캐릭터의 가장 크고 추악한 욕망을 드러냅니다.

어두운 자아는 **폭력 행사하기**에서 7-9가 나온 결과나 **죽음 피하기**의 수단으로, 또는 특정한 스킨 액션이나 MC가 선택한 반응의 결과로 발동할 수 있습니다.

각 스킨은 플레이북에 설명한 대로 각자 다른 어두운 자아를 지닙니다. 늑대인간은 털과 발톱, 피와 폭력으로 가득한 시간을 보내며, 마녀는 자신을 모욕한 사람들에게 심판을 내립니다. 지옥의 사자는 자기가 휘두르던 어둠의 권세에게 굴복하고 노예로 전락합니다. 구울은 인육을 갈망하며 달려듭니다. 요정은 비현실적이고 무자비한 정의의 논리에 따라 정의의 균형을 다시 바로잡아야 합니다.

캐릭터가 어두운 자아에 빠졌을 때, 플레이어의 우선 사항은 바뀝니다. 여러분 귓속에 속삭이는 말에 따라 파괴적인 충동을 드러내세요. 캐릭터의 억압된 욕구를 마음껏 채우고 숨겨진 힘을 힘껏 발휘하세요. 도를 넘는다는 것이 무슨 의미인지 파헤쳐 보세요.

어두운 자아에서 벗어나기

여러분이 단편 플레이 중이고 게임 막바지의 절정에서 어두운 자아에 빠졌다면, 죽을 때까지, 혹은 게임이 끝날 때까지 어두운 자아 상태로 남아서 악당이 되기로 할 수도 있습니다.

하지만 대부분의 경우, 어느 시점이 되면 어두운 자아에서 벗어나기를 원할 것입니다. 어쩌면 어두운 자아에 빠진 직후일 수도 있고, 조금 시간이 지난 다음일 수도 있습니다. 언제 벗어나야 할지 직감을 따르세요. 각 스킨의 어두운 자아는 벗어나는 조건이 있습니다. 조건을 채우면 여러분 캐릭터는 원래대로 돌아갑니다.

몬스터하트에는 "정직하게 말합니다"라는 강령이 있습니다. 누군가 어두운 자아에 빠지면, MC는 사정을 두지 말아야 합니다. 워울프 캐릭터가 슈퍼마켓 한가운데에서 어두운 자아에 빠지면, 당연히 발톱이 닿는 거리에 무고한 행인들이 있을 것입니다. 그럼 사건이 터집니다. 하지만 MC는 일련의 비극을 마련할 필요도, 인위적으로 상황을 악화시킬 필요도 없습니다. 그저 이야기를 솔직하게 진행하세요. 그리고 정직하게 말하세요.

폭력

다른 많은 RPG와는 달리, 몬스터하트는 전투 규칙이 없습니다. 하지만 물리적인 폭력을 다루는 규칙은 있습니다. 주로 기본 액션인 **폭력 행사하기**로 말입니다.

물리적인 폭력은 **충동**과 관련이 있습니다. 많은 경우 폭력은 충동적이며, 아드레날린 증가와 불안감 때문에 발생하기 때문입니다. 폭력이 발생하면 단순히 피와 멍 말고도 더 많은 일이 일어납니다. 사회적, 정서적 파장을 생각하세요. 면상을 얻어맞았다면, 혹은 누군가의 면상에 주먹을 날린다면, 여러분의 몸은 어떻게 느낄까요? 분노로, 공포로, 혹은 배반감으로 부글부글 끓어오르나요? 그 장면을 누가 지켜보고, 누가 끼어드나요? 폭력은 여러 가지 상황을 정말로 빨리 바꿉니다.

때로 **폭력 행사하기**에 당한 캐릭터가 보복으로 **폭력 행사하기**를 할 수도 있습니다. 좋습니다. 하지만 라운드마다 서로 주먹을 교환하는 방향으로 장면이 흐른다면, 잠시 한 걸음 물러나세요. '주연 캐릭터의 삶을 지루하지 않게 만듭니다'라는 강령을 명심하세요. 서로 냉정하게 얼굴에 주먹을 교환하는 모습은 지루합니다. 모든 액션의 결과는 대화로 반영되어야 하며, 이야기에 무언가를 보태야 합니다. 폭력은 단순히 신체뿐만 아니라 관계와 감정에 영향을 끼칩니다. 많은 경우, 단순한 폭력 행사 한 번이면 상황을 바꾸기 충분합니다.

여러분이 MC라면, 이 순간 이야기가 마음껏 날뛰도록 대응하세요. 체육 교사를 탈의실로 난입시킨 다음 캐릭터들을 서로 떼어 놓으세요. 남자친구가 걱정스럽게 지켜보다가, 더 많은 피를 볼지도 모른다는 생각에 헛구역질하게 하세요. 그래서 어떤 결과가 일어날 수 있는지 말해준 다음, 다시 어떻게 할지 물어보세요.

성적 취향

처음 게임을 시작할 때 여러분은 캐릭터가 이성애자라고
가정할 수도 있습니다. 그러나 이는 단지 가정입니다. 플레이
동안 캐릭터가 무엇을 욕망하고, 무엇에 흥분하는지는
흥분시키기 판정 결과로 정해지기 때문입니다. 십 대들은
무엇 때문에 자신이 흥분하는지 스스로 정하지 못하며,
기대하지 않았던 방식으로 육체가 반응할 때 드는 당혹감은
청소년기에 부딪히는 문제 중 하나입니다. 여러분은 강령에
따라서 이야기를 마음껏 날뛰게 하고, 규칙에 따라 말해야
합니다. 즉, 여러분 캐릭터의 성적 취향이 아직 형성되는
중이라는 사실을 받아들여야 한다는 의미입니다.

하지만, 명확하게 해 두세요: 여러분은 여러분 캐릭터가
무엇 때문에 흥분할지는 정하지 못하지만, 그 사실을 가지고
캐릭터가 무엇을 할지는 결정할 수 있습니다. 여러분이
잭슨이라는 남성 캐릭터를 플레이하고 있다고 칩시다. 잭슨이
다른 남자를 보고 성적으로 흥분했을 때, 여러분은 잭슨이
어떻게 느낄지 결정할 수 있습니다. 잭슨은 비교적 냉담하게
이 사실을 무시하고 이성애자의 정체성을 지킬 수도 있습니다.
혹은 당혹감을 느낀 채 몇 주 동안 그 남자 주변에서 이상한
행동을 할지도 모릅니다. 어쩌면 난폭하게 바뀔 수도, 그
남자의 여자친구와 바람을 피울 수도 있습니다. 어쩌면,
자신 안에서 크게 자란 동성애자라는 정체성을 자각할지도
모릅니다. 잭슨이 어떤 이유로 흥분했고, 무엇을 생각하는지
정직하게 말하세요. 하지만 그다음에 무슨 일이 벌어질지는
여러분이 직접 결정하세요.

모든 주연 캐릭터는 각 스킨 플레이북의 두 번째 장 오른쪽
아래에 섹스 액션이 있습니다. 섹스 액션 대부분은 바로
누군가와 성관계를 맺을 때 발동합니다. 요정과 흡혈귀 같은
일부 스킨은 다른 조건에서 섹스 액션이 발동합니다. 무엇을
성관계로 칠지는 서로 동의가 필요합니다.

무성애

몬스터하트는 '성적 취향은 유동적이며, 변할 수 있고, 때로는 혼란스럽다'라는 생각을 바탕에 두고 제작한 RPG입니다. 몬스터하트의 규칙은 '성적 취향은 고정되어 있고, 예측할 수 있다'라는 우리 문화를 지배하는 관념에 이의를 제기할 목적으로 만들었습니다.

하지만 동시에, 여러분은 또 다른 지배적 관념의 덫에 걸리지 않도록 주의하세요. 바로 '모든 사람은 성적 욕망을 품었으며, 마음이 맞는 사람을 만나면 성관계를 맺을 수도 있다'라는 생각입니다. 누구나 그렇지는 않습니다.

여러분 캐릭터가 무성애 영역에 속하거나, 성적 트라우마 때문에 성적 매력을 느끼지 못한다면, 다음 규칙을 사용하세요. 이 규칙이 여러분 캐릭터에 어울린다고 생각한다면 상황에 따라 선택적으로 사용할 수 있습니다.

끌리지 않음

누군가 여러분 캐릭터에게 **흥분시키기**를 사용했지만 그 상황에서 여러분 캐릭터가 도저히 흥분할 수 없다면, 상대에게 알려주세요. 대신, 이 상황은 상대가 **열정**으로 **닥치게 하기**를 한 것으로 간주합니다.

대신 발동하는 **닥치게 하기**는 십 대들 사이에 만연한 성욕 강요의 문화 속에서, 이상한 사람으로 손가락질받지 않은 채 사회를 지배하는 관념에 맞설 때 체험하는 긴장감을 반영합니다.

여러분 캐릭터는 여전히 **흥분시키기**의 영향을 받기로 선택할 수 있으며, 플레이 중 어느 시점에서 성관계를 맺기로 선택했을 때는 섹스 액션을 사용할 수 있습니다. 무성애 정체성은 다양하며, 사람들은 살면서 마주치는 골치 아픈 일들을 헤쳐 나가면서 다양한 결정을 내릴 수 있습니다.

스마트폰

사람들은 스마트폰을 사용합니다. 몬스터하트를 플레이할 때, 캐릭터들이 끊임없이 연락을 주고받을 수 있다는 사실을 기억하세요. 캐릭터들은 서로 문자를 보내고, 사진을 찍고, 실시간 방송을 촬영할 것입니다. 직접 얼굴을 보지 않더라도 얼마든지 음성통화를 사용해 정체를 들키지 않은 채 **닥치게 하기**를 사용할 수도 있습니다. 어쩌면 순전히 **흥분시키기** 용으로 받은 앱이 몇 개 있을지도 모릅니다.

MC 여러분에게 스마트폰은 **캐릭터들을 한군데로 모읍니다** 리액션을 사용할 수 있는 완벽한 도구입니다. 하필 가장 곤란한 순간에 도움을 요청하는 친구의 전화 앞에서 캐릭터가 과연 부름에 응하는지 지켜보세요. 또한, 스마트폰은 여러분에게 **최악의 결과로 치닫습니다** 리액션을 사용할 기회를 풍부하게 제공합니다. 질투에 사로잡힌 남자친구의 전화를 캐릭터가 무시했다면, 남자친구가 이 일을 어떻게 받아들일지 다양한 상상을 해 보세요. 인스타그램에 올라온 파티 사진을 훑어보는 사람들은 전후 사정 따위는 제대로 모르기 마련입니다.

50

물론 테이블에 따라 스마트폰에 매달리는 플레이를 원하지 않을 수도 있습니다. 스마트폰이 아직 등장하지 않은 시절, 혹은 전화를 사용할 수 없는 외딴 마을을 무대로 하거나, 그냥 간단하게 이야기 속에서 언급하지 않아도 좋습니다. 하지만 적어도 심사숙고는 해 두세요. 스마트폰을 사용하면 혼란스럽고, 서로 연결이 되면서 겹쳐지는 극적인 이야기를 만들 여지가 많아집니다.

흡혈귀가 셀카를 찍을까요? 100년 전 죽은 유령이 메신저를 쓸 줄 알까요? 가장 친한 친구가 도움을 요청하는 문자를 보냈지만, 여러분은 한창 상급생과 뜨거운 시간을 보내고 있다면 무슨 일이 벌어질까요?

시즌

여러분이 단편 플레이를 한다면, 갈등이 격화되면서 상황은 복잡해지고, 일부 캐릭터끼리는 서로 많이 마주쳐 같은 장면에서 행동할 것입니다. 그러나 깔끔하게 결말지을 가능성은 매우 적습니다. 괜찮습니다! 단편 플레이는 주연 캐릭터의 삶을 짤막하게 조명하고, 캐릭터들이 사는 세계를 탐구하며, 골치 아픈 갈등 두어가지를 거치면서 이야기를 만들어가야 합니다.

여러 편에 걸친 게임에서는, 때로 작은 목표를 이루다 보면 이야기에 탄력이 붙어 커다란 스토리 아크로 발전합니다. 어쩌면 주요 캐릭터들이 공통의 적이나 목표를 두고 한데 모일지도 모릅니다. 많은 경우, 캐릭터들 사이에서 자연스럽게 내분이 일어나서 옥상에서 벌이는 칼부림과 짜릿한 밀회, 누군가의 죽음으로 이어지곤 합니다.

비록 끊임없이 펼쳐지는 활극과 예측할 수 없는 이야기의 추진력은 무척 흥미진진하지만, 쉴 틈 없이 계속 반복해서 속도만 내면 이야기가 따분해지기 마련입니다. 그래서 몬스터하트는 TV 드라마와 마찬가지로 각 이야기를 시즌으로 구분합니다. 시즌이 진행되는 동안 이야기는 점점 추진력을 얻습니다. 갈등은 예상치 못한 방향으로 진화합니다. 모든 것이 연속되는 절정의 순간을 향해 나아갑니다. 절정이 지나간 다음에는 이야기가 서서히 가라앉습니다. 이제 시즌이 끝날 시간입니다.

시즌은 다음과 같은 방식으로 적용합니다: 누군가 다섯 번째 성장을 하면, 이제부터 모든 캐릭터가 시즌 성장을 선택할 수 있습니다. 이번 세션이 끝난 다음 한 번 더 플레이하면 한 시즌이 끝납니다.

캐릭터는 경험치를 사용해 기존 성장 대신 시즌 성장을 선택할 수 있으며, 시즌마다 각 캐릭터가 최대 한 번씩 선택 가능합니다.

시즌 성장은 중요한 사건입니다. 시즌 성장을 선택한 캐릭터는 자신의 본성을 새로 고치거나, 다른 괴물이 되거나, 좀 더 성숙해집니다. 플레이어는 기존 캐릭터를 완전히 바꿀 수도 있고, 새로운 캐릭터를 만들 수도 있습니다.

시즌 성장은 모든 플레이어에게 현재 스토리 아크가 끝날 시간이 되었음을 알리는 신호이기도 합니다. 이번 세션이 지난 다음, 다음 세션에서는 절정과 결말이 찾아옵니다. 다음 세션이 끝난 다음에도 해결되지 않은 문제는 허공에 남습니다.

시즌이 끝나면, 좀 쉬면서 무언가 새로운 것을 하세요! 솔직하게 말하자면, 몬스터하트 플레이는 잠시 쉬세요. 다시 몬스터하트로 돌아와서 그다음 시즌을 하기로 했다면, 어느 정도 시간대를 건너뛰세요. 다음 학년이 시작할 때나 몇 달 후처럼 합리적인 간격을 두세요. 이처럼 새롭게 시작을 하면 다시 추진력을 얻을 수 있습니다.

이후 시즌에 다시 돌아온 캐릭터는 성장으로 얻은 모든 선택지를 유지하지만, 지금까지 채운 성장 선택지의 칸을 모두 지웁니다. 지운 칸은 다시 선택할 수 있습니다. 하지만 일부 칸은 다시 선택하기 어울리지 않을 때도 있습니다. 그런 칸은 다시 선택하지 마세요.

시즌 성장

시즌 성장은 다음과 같습니다.

✦ 캐릭터의 스킨을 바꿉니다.
✦ 캐릭터의 어두운 자아를 새로 고칩니다.
✦ 기존 캐릭터를 은퇴시키고 새 캐릭터로 시작합니다.
✦ 성숙 액션 두 가지를 얻습니다.

캐릭터의 스킨을 바꿉니다.

스킨이 바뀐 캐릭터는 완전히 다른 괴물이 됩니다. 흡혈귀에게
물린 인간 캐릭터는 아마 흡혈귀가 될 것입니다. 한때 요정인
캐릭터는 죽음을 맞이해 유령으로 변할 수도 있습니다.
반대로 유령이었던 캐릭터가 새 육신을 얻어 이제 구울로
변했을지도 모릅니다.

캐릭터는 스킨을 바꿀 때 자신에게 속한 본질적인 부분은
모두 유지합니다. 그러나 스킨을 바꾼 후 더 가질 법하지
않은 소지품이나 친구, 인연이나 스킨 액션은 모두 버립니다.
능력치는 새로 바뀌며, 해당 스킨의 규칙에 따라서 새로운
스킨 액션을 얻습니다. 배경 설정은 생략하세요. 이미 만든
캐릭터니까요.

캐릭터의 어두운 자아를 새로 고칩니다.

이 선택지 역시 MC와 논의해야 합니다. MC에게 아이디어를
제시한 다음 피드백을 받으세요. 어두운 자아는 여러분이
품은 파괴적인 충동이자 때로 자신마저 두려워하는 천성의
일부이며, 누군가를 해칠 때 자기합리화를 하는 마음입니다.

기존 캐릭터를 은퇴시키고 새 캐릭터로 시작합니다.

이 선택지를 고르면 새 캐릭터를 처음부터 다시 만들 수
있습니다. 기존 캐릭터를 행복하고 안전한 곳으로 보내
플레이에서 제외시키세요. 그다음, 다른 스킨을 선택해서
기존 캐릭터를 대체할 새 캐릭터를 만드세요. 배경 설정과 끈
규칙 설명을 포함해서 새 캐릭터를 만들 때 따르는 모든 기본
절차를 밟으세요.

성숙 액션 두 가지를 얻습니다.
성숙 액션은 네 가지가 있으며, 다음 항목에서 자세히 설명합니다. 성숙 액션은 여러분 주변에서 벌어지는 갖가지 십 대의 골칫거리를 헤쳐나가고, 심지어 남들의 허튼 수작을 막을 수도 있는 강력한 액션입니다. 캐릭터는 성숙 액션을 사용해 여러 가지 삐걱대는 행동을 부분적으로나마 넘어서서, 자신과 주변 사람들을 진정으로 아끼고 보살필 수 있습니다. 여러분이 성장으로 이 선택지를 골랐다면 성숙 액션 중 두 가지를 얻습니다. 이후 시즌에서 여러분은 다시 이 선택지를 골라 나머지 두 액션도 얻을 수 있습니다.

성숙 액션

네 가지 성숙 액션은 다음과 같습니다: **칭찬하고 격려하기, 잘못된 행동 지적하기, 폭력 막기, 고통 나누기.**

칭찬하고 격려하기

다른 사람을 칭찬하고 격려하면, 열정으로 판정하세요. 10 이상이면, 아래 선택지에서 둘 고릅니다.
✦ 상대는 **다음 번 보너스**를 받습니다.
✦ 상대는 상태 하나를 해소합니다.
✦ 상대는 경험치를 받습니다.
✦ 여러분은 **다음 번 보너스**를 받습니다.
7–9면, 여러분은 끈 1점을 사용한 것처럼 여러분이 원하는 일을 하도록 상대를 유혹할 수 있습니다.

여러분은 카리스마를 사용해 권력을 행사하는 대신, 상대를 격려하고 북돋워 주면서 자기 자신을 긍정적으로 생각하고 받아들이도록 도울 수 있습니다. **칭찬하고 격려하기** 액션 없이 격려하는 말과 행동은 그저 불완전하고 제한적인 효과를 낼 뿐입니다. 하지만 이 액션을 사용해 10 이상이 나오면, 여러분은 상대가 자신의 진실하고 강력한 부분을 보게 하는 효과를 발휘합니다. **칭찬하고 격려하기**는 반복되는 심리전과 조건부 인정의 틀을 깨뜨릴 수 있습니다.

잘못 일깨우기

상대의 옳지 못한 말과 행동을 일깨우면, 냉정으로
판정하세요. 10 이상이면, 아래 목록에서 하나
선택합니다. • 7–9면 아래 선택지에서 하나 고르지만,
여러분은 상대의 기분을 상하게 해서 그 대가로 상태를
하나 받습니다.

✦ 상대는 타인에게 가진 끈 1점을 잃습니다.
✦ 상대는 목이 메거나, 감정을 주체하지 못하거나, 그
    자리를 떠납니다.

잘못 일깨우기는 괴롭힘이나 학대에 맞설 때 사용하는
액션입니다. 다른 액션(**닥치게 하기, 폭력 행사하기**) 역시
상대에게 맞서는 효과를 발휘할 수는 있지만, 오직 **잘못
일깨우기**만이 가해자의 힘을 빼앗고, 가해자가 타인에게
심리적인 압력을 발휘하지 못하도록 막을 수 있습니다. 끈
1점을 잃도록 선택했다면 어떤 끈을 잃을지는 여러분이
선택합니다. 목이 메거나, 감정을 주체하지 못하거나,
그 자리를 떠나도록 선택했다면 세 가지 중 어떤 일이
일어났는지, 어떻게 일어났는지는 상대가 선택합니다. **잘못
일깨우기**는 반복되는 괴롭힘과 지배의 틀을 깨뜨릴 수
있습니다.

폭력 막기

상대가 타인에게 휘두르는 폭력을 막으면, 충동으로 판정하세요. 10 이상이면, 상대에게 끼어듭니다. 상대가 폭력을 행사하려면 여러분부터 먼저 해결해야 합니다. 여러분이 보호하는 대상은 반응할 기회를 얻으며, 무엇을 하기로 하든 **다음 번 보너스**를 받습니다. • 7-9면, 상대에게 끼어듭니다. 상대는 아래 선택지에서 하나 고릅니다.

✦ 물러납니다.
✦ 여러분을 강제로 뿌리치는 대가로 여러분이 주는 어떠한 피해도 받아들입니다.
✦ 대신 여러분에게 폭력을 행사합니다.

폭력 막기는 남을 지키는 액션입니다. 여러분은 상대가 폭력을 행사하러 달려들 때 끼어들어 그 앞을 가로막을 수 있습니다. 여러분은 **폭력 막기**로 약한 자를 보호하고, 어쩌면 목숨을 구할 수도 있습니다. 몬스터하트에서 **폭력 막기**는 상대가 이미 행동을 선언했을 때 개입할 수 있는 유일한 액션입니다. 10 이상이면, 여러분은 폭력이 일어나지 못하도록 효과적으로 가로막고, 자신이 보호하는 대상에게 먼저 행동할 수 있도록 기회를 제공합니다. 7-9면 가해자는 결단을 내려야 합니다. **폭력 막기**는 반복되는 폭력과 공포의 틀을 깨뜨릴 수 있습니다.

고통 나누기

고통을 다른 사람과 나눌 때, 어둠으로 판정하세요. 10 이상이면, 아래 선택지에서 두 가지를 고릅니다. 7-9면, 하나 선택합니다.

✦ 자신의 상태 하나를 해소합니다.
✦ 이야기를 들은 사람의 상태 하나를 해소합니다.
✦ 자신을 도울 때 **다음 번 보너스**를 받습니다.
✦ 이야기를 들은 사람이 여러분을 도울 때, 상대는 **다음 번 보너스**를 받습니다.

고통 나누기는 남들에게 손을 뻗어 도움을 요청하는 액션입니다. 여러분은 자신이 무엇을 필요로 하는지 분명하게 이야기하고, 여러분을 도와줄 능력이 있는 사람들과 만날 수 있습니다. **고통 나누기**는 반복되는 고립과 혼란의 틀을 깨뜨릴 수 있습니다.

2장:
플레이 준비하기

물자 모으기

몬스터하트를 플레이하기 전, 몇 가지 준비가 필요합니다. 우선, 친구들 2-4명과 함께 플레이에 집중할 수 있는 시간을 마련하세요. 얼마나 시간이 필요할지 정확하게 파악하세요. 이번 장에서는 여러분이 플레이를 준비한 다음, 친구들에게 규칙을 가르쳐 주고, MC도 맡을 것이라고 가정합니다. 그러므로 이번 장은 MC에게 알려주는 내용입니다. 보통은 이렇게 한 사람이 도맡아 준비하지만, 여러 사람이 나누어 준비해도 좋습니다.

플레이하기 전 몇 가지 자료를 출력하세요. 우선 테이블에 내놓고 싶은 스킨부터 정하세요. 스킨은 플레이어가 선택할 수 있는 괴물 유형이자, 캐릭터를 어떻게 준비하고 플레이할지 안내하는 길잡이 역할을 합니다. 플레이에서 사용할 스킨을 출력한 다음 접으세요. 어떤 스킨을 사용할지 잘 모르겠다면, 이 책에 소개한 기본 스킨으로 시작하세요: **요정, 유령, 구울, 공허, 지옥의 사자, 인간, 여왕, 흡혈귀, 늑대인간, 마녀**. 이야기와 놀이 자료실을(http://blog.storygames.kr/downloads) 방문하면 **선택받은 자**나 **뱀**처럼 추가 스킨을 찾을 수 있습니다.

또한, MC 용 핸드아웃과 각 플레이어가 쓸 플레이어 핸드아웃도 인쇄하세요.

관심이 있다면, 플레이를 빨리 시작하는 데 도움이 되는 한 장짜리 플레이 무대 모음인 작은 마을도 인쇄하세요. 작은 마을에는 테이블에 내놓기 적당한 스킨 대여섯 가지를 소개했습니다.

앞에서 이야기한 자료는 모두 이야기와 놀이 자료실에서 받을 수 있습니다.

연필과 지우개, 주사위(흔한 6면체 주사위)도 필요합니다. 주사위는 최소 두 개가 필요하지만, 플레이어당 두 개면 가장 좋습니다.

어떤 테이블은 플레이하는 동안 간식을 먹기도 하고, 플레이 전 모여서 식사를 하기도 합니다. 사람들을 모으기 전에 식사 계획을 명확하게 세우세요.

게임 전제와 플레이어 역할 설명하기

플레이어들이 준비를 마쳤다면, 우선 몬스터하트의 기본 전제부터 설명하세요. 아마 테이블에 모인 사람들은 자신들이 무슨 게임을 하려고 모였는지 이미 잘 알 것입니다. 그래도 모든 사람이 제대로 내용을 이해했는지, 정확하게 알고 있는지 다시 한번 확인하면 더욱 좋습니다. 어떻게 소개할지 확신이 잘 모르겠다면, 1장 바로 앞에 나온 소개글을 읽으세요.

MC가 어떤 역할을 하는지 소개하세요. 나머지 사람들은 각자 주연 캐릭터를 맡아서 플레이하지만, 여러분이 할 일은 좀 더 많습니다. MC가 할 일은 다른 플레이어들과 크게 다르며, 역할을 수행하는 데 필요한 별도의 규칙을 가지고 플레이합니다. 이런 식으로 소개해 보세요. "여러분은 각자 십 대 괴물 캐릭터를 한 명씩 만듭니다. 여러분이 맡을 주연 캐릭터이지요. 여러분은 호기심 많고 사나운 주연 캐릭터를 플레이하는 역할을 맡습니다. 제 역할은 달라요. 전 사회자, 즉 MC입니다. 저는 MC로서 게임에 등장하는 모든 조연 캐릭터를 플레이합니다. 여러분 캐릭터의 교사나 부모, 반 친구가 될 수 있다는 의미입니다. 그뿐만 아니라 장면을 준비하고 전환점을 마련하는 일도 제 역할입니다. 저는 플레이어들과 다른 MC 용 규칙을 가지고 플레이하지만, 결국 여러분 캐릭터의 이야기를 좀 더 흥미진진하게 만들기 위한 목적이에요."

플레이어들이 자리에 모여 몬스터하트를 할 때는, 여러분을 포함해 모두 같은 강령을 가지고 플레이해야 한다는 사실을 설명하세요: **주연 캐릭터의 삶을 지루하지 않게 만듭니다, 이야기를 마음껏 날뛰게 합니다, 규칙에 따라 말합니다, 정직하게 말합니다.** 플레이어들이 만약 이 단계를 좀 더 알고 싶어 한다면, 어떤 말이든 머릿속에서 자연스럽게 떠오르는 단어를 설명하거나, p.9-12를 크게 읽으세요.

안전장치 소개하기

어느 선까지 허용할지, 어떻게 안전하게 플레이할지 솔직하게 이야기하세요. 무척 중요합니다. 몬스터하트는 민감한 소재를 바탕으로 플레이하는 게임입니다. 테이블에 참석한 모든 플레이어에게 다른 사람의 경계선을 파악하고 존중하는 것이 얼마나 중요한지 이야기하세요. 모두 편안한 마음으로 플레이할 수 있도록 한두 가지 수단을 준비하세요.

어디서부터 시작할지 잘 모르거나, 트라우마를 파악하는 게 얼마나 중요한지 확신이 들지 않는다면 3장을 보세요. 3장에서는 이 주제를 어떻게 다룰지 대부분 내용을 할애하며, 플레이어들이 사용할 두 가지 안전장치인 'X-카드'와 '페이드 아웃'을 자세히 다룹니다.

선택 사항: 작은 마을

퀵스타트 설정인 작은 마을 하나를 선택해 플레이하기로 선택했다면, 지금 플레이어들에게 소개하세요. 마을 이름과 소개 문장을 낭독하세요. 플레이어 중 한 명에게 가능한 한 멜로드라마 분위기로 배경 항목을 읽도록 요청하세요. 또 다른 플레이어에게는 추천 장소 목록을 읽도록 요청하세요. 그다음 자료를 돌려받고, 마을에서 사용할 수 있는 스킨 목록을 크게 읽으세요. 스킨을 하나씩 읽으면서 테이블에 내려놓으세요. 각 작은 마을마다 5~6가지 스킨을 선택할 수 있습니다.

작은 마을은 이야기와 놀이 자료실에서 다운로드 가능합니다.

플레이어들과 함께 직접 무대를 만들고 싶나요? 좋습니다! 2장 뒷부분은 무대 제작 지침을 소개합니다. 시간이 많이 들지도 않습니다.

스킨 선택하기

준비한 스킨을 테이블에 골고루 나눠주세요. 플레이어들에게 아직 무언가를 적을 때가 아니라고 말하세요. 해당 스킨의 분위기를 설명하는 앞면 소개글을 가리키세요. 돌아가면서 차례대로 소개글을 과장된 분위기로 감정을 담아 읽으세요. 늑대인간 소개글을 읽을 때는 으르렁거리면서 읽을 수도 있고, 마녀 소개글을 읽을 때는 잔뜩 멋을 부리면서도 비통한 어조로 읽을 수도 있습니다. 이 단계는 매우 중요합니다! 스킨 소개글을 크게 읽는 단계는 테이블의 어색한 분위기를 푸는 동시에, 플레이어들이 의심과 수줍음을 떨치고 몬스터하트를 플레이하는데 필요한 창의성과 감성을 받아들일 수 있도록 돕습니다. 하지만 누구든 소개글을 크게 읽는 게 불편하다면 기꺼이 다음 사람으로 건너뛰어서 읽도록 하세요. 모든 소개글을 크게 읽으면, 테이블 중앙에 스킨을 놓으세요.

그다음, MC를 제외한 모든 플레이어는 각자 플레이할 스킨을 선택합니다. 어떤 스킨이 쓸만한지, 혹은 강한지 따질 필요는 없습니다. 그저 삽화나 소개글처럼 눈에 띄는 요소를 보고 가장 마음이 끌리는 스킨을 선택하세요.

정체성 선택하기

플레이어들이 모두 스킨을 선택하면, 스킨 왼쪽에 있는
정체성 항목을 보라고 말하세요. 각 캐릭터의 정체성은
이름, 겉모습, 눈, 기원, 이 네 가지 요소로 이루어졌습니다.
플레이어들에게 각 요소에서 하나씩 선택해서 동그라미를
치라고 하세요.

눈은 초자연적 로맨스물에서 매우 중요한 세부사항입니다.
누구든 캐릭터와 눈을 계속 맞출 수 있을 만큼 용기 있는
사람이라면 캐릭터가 진정 어떤 본성을 갖췄는지 짐작할 수
있는 단서니까요.

기원은 캐릭터가 이런 종류의 괴물(혹은 사람)이 된 원인을
설명합니다. 기원의 의미가 불명확하다면, 어떻게 정의할지는
플레이어의 몫입니다. 구울에게 "거부당함"이 어떤
의미인지는 명확하게 정해진 답이 없습니다.

플레이어들은 모두 자신이 고른 선택지를 크게 읽고, 그 결과
떠오르는 질문사항에 답해야 합니다.

각 플레이어에게 색인 카드를 나누어주면 플레이에 도움이
됩니다. 색인 카드를 반으로 접어 천막 모양으로 만든 다음,
다른 사람들에게 보이는 면에 캐릭터의 이름과 겉모습, 괴물
종류를 적도록 하세요. 남은 여백이 있다면, 나머지 정체성도
적으세요.

무대 정하기

작은 마을 중 하나를 게임 무대로 정했다면, 이 단계를 생략하세요. 만약 직접 무대를 정한다면, 이제 주연 캐릭터들이 어떤 인물들인지 대략 알았기 때문에 무대 정보를 좀 더 자세하게 만들어야 합니다.

우선, 스킨 덕분에 이미 필수적인 사항이 되었거나 은연중에 나타난 무대 정보를 플레이어들로부터 모으세요. 플레이어 중 늑대인간이 있다면, 숲이 무성한 장소가 필요할 수 있습니다. 셀키가 있다면, 바닷가가 될 수도 있습니다. 마녀를 선택한 플레이어는 산테리아 사제들이 모이는 술집 뒤편 비밀 방이나 달의 주기에 맞춰 네오 페이건들이 모닥불을 피우고 모이는 시골 산속 마을처럼 은밀하게 살아가는 주술사들의 공동체를 머릿속에 그렸을지도 모릅니다. 주연 캐릭터들에 맞춰 게임의 이야기가 벌어지는 시작 장소를 정하세요.

플레이어들의 생각을 한데 모아 어렴풋하게 개념을 잡으세요. 그다음 MC 왼편부터 테이블 시계방향으로 돌아가면서 플레이어들에게 각각 무대를 좀 더 명확하게 만들 수 있는 질문을 하나씩 물으세요. 한 바퀴 돈 다음 결과가 만족스러우면 다음 단계로 나아가세요. 만약 아직 무대의 모습이 아직 모호하고 제대로 틀이 잡히지 않았다면 한 바퀴 더 돌면서 질문하세요. 플레이어들은 얼마든지 다른 사람 생각에 자기 의견을 즉흥적으로 덧붙여도 좋습니다. 하지만 결정은 현재 질문을 받는 플레이어가 내리도록 하세요. 이 단계는 플레이어들을 역동적으로 이야기를 주고받도록 몰고 가기 좋은 시간이며, 적절한 때에 "좋아요. 모두 근사하긴 한데, 그래도 케이트한테 물어본 질문이에요. 케이트가 뭐라고 답할지 듣고 싶네요"라고 대답한다면 플레이어 전원이 자기 의견을 무대에 동등하게 반영하는 데 큰 도움을 줄 수 있습니다.

물리적인 환경과 폭넓은 사회-정치적 맥락을 좀 더 뚜렷하게
잡아 주고, 인종과 계급 문제가 지역 문화 안에서 어떻게
구현되는지 파악하는데 도움을 주도록 질문하세요. 마을
주변의 십 대들이 심심풀이로 어떻게 노는지 물어보세요.
학교 바깥쪽에 있는 거대한 불독 동상이나 볼레스키 거리
끝에 위치한 통나무 별장처럼 장면을 짤 때 같이 등장시킬 수
있는 주요 건물을 설정할 수 있도록 질문하세요. 원한다면
질문하는 동안 MC 생각도 일부 반영하세요. 공동체의 규모가
대략 얼마나 되는지, 가장 중요한 산업은 무엇인지 대략
확인하세요.

모든 것이 확실하게 정해진 무대를 만들려고 애쓰지
마세요. 플레이 중 절호의 기회가 올 때 파헤치거나,
플레이 중에 세부 사항을 덧붙일 수 있도록 빈 부분을 많이
남겨두세요. 모든 플레이어들이 흥미를 느끼고, 똑같은
내용으로 알 정도로만 정해두세요.

롤플레잉을 설명하기

플레이어들에게 게임의 핵심 규칙을 설명하기 전에, 꼭 몇 가지 맥락을 짚고 넘어가세요: 롤플레잉은 대화이며, 대화는 장면으로 나눕니다. MC는 대화에서 독특한 역할을 맡으며, 규칙은 이야기를 빚는 동시에 중요한 순간에는 이야기를 흔들기 위해 존재합니다. 이러한 맥락을 어떻게 설명할지는 플레이어들이 이런 종류의 게임을 어느 정도 경험했는지에 따라 달라집니다. 모든 플레이어가 이미 몬스터하트와 무척 유사한 주제와 구조를 가진 게임을 플레이했다면, 방금 설명한 부분을 크게 읽은 다음 넘어가면 됩니다. 많은 경우 설명을 좀 더 덧붙이고 싶을 것입니다.

플레이어들이 RPG를 처음 해본다면, 앞서 설명한 맥락을 확실하게 설명하세요. 여러분은 이미 수백 가지의 다른 게임을 플레이하고 수십 개의 멋진 주사위를 모은 덕분에 롤플레잉이 몸에 밴 습관처럼 익숙해졌을지도 모르지만, 새로운 플레이어들과 함께 기초를 다지는 중요성을 간과하지 마세요. 롤플레잉이 무엇인지 설명하고, 두 사람이 함께 대화를 주고받으면서 어떻게 장면을 플레이하는지 예시를 제공하세요.

플레이어들이 모험물과 하이 판타지 RPG에만 익숙하다면, 어떤 점이 다른지 강조하세요. 몬스터하트는 팀을 이루어서 함께 싸우는 게임이 아닙니다. 관계를 파헤치고, 캐릭터들끼리 서로 물고 뜯는 게임입니다. 엄밀히 따지자면 플레이어 자신들이 서로 싸우지는 않지만, 캐릭터들은 서로 실수를 저지르고, 상처를 주고, 그 대가로 받는 사회적인 문제를 처리해야 합니다.

여러분은 게임을 가장 재미있는 방향으로 이끌기 위해 테이블에 참석한 전원에게 게임을 쉽고 간단하게 이해시키는 임무를 맡습니다. 함께 플레이하는 사람들의 필요에 맞게 교육 방식을 맞추세요.

액션과 끈을 설명하기

액션이 무엇이며, 대화 중에 액션이 어떻게 모습을
드러내는지, 액션 판정 결과가 대화로 어떻게 피드백되는지
설명하세요. 주사위를 굴리고 눈을 더하는 방법을
설명하세요. 10 이상과 7-9, 6 이하의 결과가 크게 어떻게
다른지 설명하세요. 모든 주연 캐릭터들이 공유하는 기본
액션과 각 스킨마다 별도로 사용 가능한 스킨 액션을
언급하세요.

플레이어들이 모두 플레이어용 핸드아웃을 받았는지 확인한
다음, 핸드아웃에 적힌 기본 액션 종류를 보게 하세요.
플레이어들이 질문하면 모두 답하세요.

MC는 액션을 가지지 않는 대신 캐릭터들이 한 말과
행동에 대응하기 위해 MC만의 지침과 규칙을 가졌다고
플레이어들에게 알려주세요. 보통은 상황을 조성하는
정도지만, 때때로, 특히 액션 판정 결과가 6 이하로 나왔을
때는 주연 캐릭터들을 짓밟을 거라고도 말하세요. MC
가 할 수 있는 대응, 즉 리액션은 p.92에서 설명하지만, 이
시점에서는 MC가 플레이어와 다른 규칙을 가지고 플레이할
거라는 사실만 가볍게 언급하세요.

끈이 무엇을 상징하며, 어떤 규칙인지 설명하세요. 어떻게
설명해야 좋을지 모르겠다면 p.16을 읽으면 됩니다.

이쯤에서, 플레이어들은 많은 정보를 막 받아들였을
것입니다. 지금이야말로 플레이어들이 받아들인 정보를
머릿속에서 정리할 수 있도록 예시를 들어 설명할 절호의
시간입니다. 테이블에서 만든 주연 캐릭터들의 이름을 사용해
흥분시키기를 설명하세요. 주사위를 들고, 캐릭터가 가질
법한 **열정** 점수를 정한 다음, 주사위를 굴리세요. 판정 결과
캐릭터가 어떤 방식으로 끈을 얻는지 설명하고, 다시 예시를
들어 이후 캐릭터가 자신이 얻은 끈을 사용해 **끈 잡아당기기**
액션을 어떻게 발동하는지, 그리고 어떻게 남을 유혹해서
캐릭터 자신이 원하는 일을 시키는지 설명하세요. 이렇게
든 예시는 대화 흐름과 액션 발동 조건, 주사위 굴리기,
몬스터하트에서 성적 취향을 다루는 방법, 끈을 주고받는 법,
플레이 동안 캐릭터 사이에서 변하는 힘의 관계 등 여러 가지
다른 규칙을 하나로 묶어 설명하는 데 도움을 줍니다.

능력치와 액션 선택하기

액션과 끈을 이야기한 다음에는, 곧바로 플레이어들에게
능력치와 스킨 액션을 선택하게 하세요. 어느 쪽부터 정해도
좋습니다. 아마 양쪽이 서로 영향을 미칠 것입니다.

각 스킨마다 두 가지 능력치 유형이 있습니다. 플레이어들은
어느 쪽을 선택하든 좋습니다. 선택하지 않은 쪽은 금을
그으세요. 두 유형 모두 스킨의 성격을 고려한 좋은
선택이지만, 각각 강점과 약점이 있습니다. 플레이어가
어느 쪽을 선택할지 망설이면, 틀린 쪽은 없다고 분명히
말해주세요.

캐릭터 시트 두 번째 장 우측에는 스킨 액션 목록이 있습니다.
각 스킨마다 어떻게 스킨 액션을 선택할지 목록 위편에
굵은 글씨로 설명했습니다. 각 스킨마다 선택하는 방식은
약간 다릅니다. 예를 들어, 일부 스킨은 처음부터 한 가지
액션을 가지고 시작한 다음, 플레이어가 한 가지 액션을 더
선택합니다. 또한, 지옥의 사자와 마녀는 스킨 외에 몇 가지
다른 항목도(각각 **계약**, **주문**) 선택합니다.

플레이어들이 모두 선택을 했다면 크게 읽어서 다른 사람들과
내용을 공유하라고 시키세요. 플레이어들은 선택한 내용을
글자 하나하나 읽을 필요는 없지만 어느 정도 설명을 하면
좋습니다. 예를 들어 이런 식으로 말할 수 있습니다. "난
늑대인간의 스킨 액션으로 예민한 감각과 불안정을 선택했어.
그래서 난 주변을 무척 날카롭게 파악할 수 있지만, 때때로
자각을 잃어버리고 늑대가 튀어나와."

지켜보다가 알려주기

어쩌면 규칙을 하나하나 일일이 설명하고, 서로 어떻게
상호작용하며 어떤 결과가 나오는지 플레이어들에게
알려주고 싶은 충동이 들 수도 있습니다. 하지만 이
시점에서 플레이어들은 이미 게임이 어떻게 돌아가는지
기반 지식을 충분히 쌓았습니다. 그러므로 지켜보다가
알려주세요. 플레이어들이 질문하면 대답하고, 새로운 규칙은
플레이어들이 접할 때 가르쳐 주세요.

규칙 중 일부는 매우 직관적이고 쉬우므로 맨 처음 플레이에
등장해도 크게 설명할 필요가 없습니다. 플레이어 중 누군가
처음으로 **다음 번 보너스**를 받는다면, 캐릭터 시트를
가리키고 그 내용을 적으라고 알려주기만 하세요. 다음 번에
플레이어가 주사위를 굴리면, 적은 내용을 지우고 판정에 +1
보너스를 받으라고 알려주세요. 그 이상 설명은 플레이어가
물어볼 때만 알려주세요.

반대로 규칙이 쉽게 와닿지 않아서 좀 더 설명이 필요할 때도
있습니다. 예를 들어 플레이어가 상태가 무엇인지 묻거나
플레이 중 처음으로 상태를 받게 되면, 플레이어들에게
상태가 어떤 식으로 작용하는 규칙이며, 어떻게 십 대 사회를
반영하는지 설명하세요. 설명에 도움이 필요하면 p.31을
참조하세요.

플레이어 중 처음으로 경험치를 받는 사람이 나오면, 어디에
적을지 꼭 알려주세요. 누군가 묻지 않는 한 지금 당장 성장
규칙을 설명할 필요는 없습니다. 다음 번 판정이 실패할
때도 몇 번 정도는 플레이어들에게 경험치를 적으라고
상기시켜주면 좋습니다. 경험치 받는 법은 한두 번 설명한 것
정도로는 쉽게 잊어버릴 수도 있기 때문입니다.

캐릭터 배경 설정하기

플레이어들이 모두 능력치와 액션을 정하면, 잊지 말고 주연 캐릭터 모두를 서로 소개하게 시키세요. 플레이어들이 각자 자기 캐릭터 성격과 가족사 부분에 관해 세부사항을 몇 가지 정하도록 장려하세요. 조금이라도 질문이 있으면 아낌없이 묻게 하세요.

이제 테이블에 모인 플레이어들 모두 주연 캐릭터들이 어떤 인물인지 이해했을 테니, 캐릭터 배경을 설정할 때입니다. 캐릭터 배경은 캐릭터 시트 두 번째 장 왼편에 있습니다. 누구든지 먼저 해도 좋습니다. 인간 캐릭터는 예외입니다. 인간은 항상 마지막에 정합니다.

먼저 하겠다고 나선 사람에게 주의를 돌린 다음, 캐릭터 배경을 설정하고 끈을 기록하는 방법을 설명하세요. 이런 식으로 말입니다: "여러분 차례가 되면, 캐릭터 배경에 적힌 설명문을 읽으세요. 여러분은 누구에게 끈을 주고받을지 선택해야 합니다. 누가 자신한테 끈을 가졌는지 기록하려고 하지는 마세요. 불필요한 데다가 적을 게 많으니까요. 그냥 누구에게 끈을 가졌는지만 적으세요." 캐릭터 시트에 자신이 가진 끈을 적는 항목이 있다고 가리킨 다음, 끈을 적고 사용하는 몇 가지 방법을 제시하세요.

플레이어들은 대개 MC가 조종하는 조연 캐릭터들보다는 자기 캐릭터 배경과 연관이 된 다른 주연 캐릭터들을 선택할 것입니다. 플레이어 수가 많아질수록 이 부분은 더욱 중요해집니다. 하지만 지옥의 사자의 어둠의 권세나 여왕의 패거리 같은 일부 캐릭터 배경은 MC가 조종하는 조연 캐릭터에게 끈을 주라고 언급합니다.

좌석 배치도 설정하기

고등학교 교실에서는 좌석 배치에 따라 학생들이 어느 자리에 앉으며, 자기 자리에서 누구를 볼 수 있는지 결정됩니다. 좌석 배치도는 몇 가지 중요한 역할을 합니다: 새로운 캐릭터를 소개하고, 주연 캐릭터가 추가로 맺을 관계를 설정하도록 도우며, 시시콜콜한 고등학교 청춘극을 플레이 초반부터 끌어 내기 때문입니다.

MC는 좌석 배치도 설정 과정을 책임지지만, 플레이어들과 대화를 주고받으며 협력해야 합니다. 우선 교실을 간단하게 그리세요. 교실 앞쪽에는 교사 책상을 놓고, 학생들 책상을 줄지어 배치하세요. 가장 이상적인 배치는 세로 x 가로로 3 x 5, 또는 4 x 4입니다. 비록 실제 고등학교 교실에는 보통 이보다 두 배 정도 학생이 많지만 말입니다. 각 책상은 이름과 세부사항을 적을 수 있도록 사각형으로 될 수 있는 한 크게 그리세요.

좌석 채우기 과정은 MC의 원칙을 활발하게 사용할 시간입니다. 자극적인 질문을 한 다음 답변을 활용하세요. 플레이어들에게 던지기 가장 좋은 첫 질문은 "여러분 캐릭터 중 가장 인기 있는 사람은 누군가요?"입니다. 뽑힌 플레이어에게 어느 자리에 앉는지 질문하세요. 그다음은 이런 식으로 물을 수 있습니다. "옆에는 누가 앉아요? 이 자리요." 옆 책상을 가리키세요. 플레이어가 말한 이름(예: 토드)을 책상에 적고, 다음 플레이어에게 물으세요. " 왜 토드는 신뢰할 수 없나요?" 플레이어들 사이를 오가며 극적인 사건과 불안감, 재능, 관계 등을 알아낼 수 있는 질문을 던지세요. 책상에 앉은 캐릭터마다 두 개씩 질문을 정하세요. 질문마다 서로 다른 플레이어가 답해야 합니다. 이 기회를 활용해 이해관계를 충돌시키고, 서로 모순되는 설명을 만드세요. 이 과정은 플레이 동안 캐릭터들 사이에 골치 아픈 삼각관계가 만들어지도록 촉진하고, 모든 관계에 각각 의미를 부여합니다.

책상 몇 군데를 채운 다음에는, 다른 플레이어에게 자신의 캐릭터가 어디 앉는지 정하게 하세요. 저는 보통 이런 식으로 묻습니다. "그럼, 그다음으로 인기 있는 사람은 누구예요? 좋네요! 어디 앉아요?" 질문이 반복되면서 점점 빈 책상이 줄어들기 때문에, 가장 인기가 없는 주연 캐릭터는 선택할 수 있는 책상이 몇 군데밖에 남지 않습니다.

좌석 배치도가 모두 찰 때까지 새로운 반 친구들을 만들고, 자극적인 질문을 하세요. 뜻하지 않게 열여섯 명의 제시카로 학급을 채우지 않도록 이름을 짓기 전에 젠더와 인종을 고려하세요. 이 수많은 조연 캐릭터들이 주연 캐릭터들과 뚜렷한 연결고리를 가지도록 신경 쓰세요. 워울프 캐릭터가 미식축구 팀에 들어갔다면, 여러분이 만든 반 친구 중 하나는 잘 나가는 쿼터백인 아심이어야 합니다. 아심을 만든 다음 워울프 캐릭터에게 질문하세요. "지난번 연습 때 아심이 당신을 어떻게 열 받게 했나요?"

다음은 자극적인 질문의 또다른 예입니다:
✦ 왜 제나는 작년에 학교를 그토록 많이 빠졌나요?
✦ 루시아는 지난 여름에 어떤 혐의로 체포됐나요?
✦ 미구엘 가족과 관련되어 어떤 소문이 도나요? 소문이 사실인가요?
✦ 데스몬드는 정말로 게이인가요?
✦ 여러분은 왜 루에게 홀딱 빠졌나요?

여러분이 만든 좌석 배치도 원형은 어느 고등학교 교실이며, 누가 누구 옆에 앉았는지 나타냅니다. 여러분이 만든 무대에 따라 좌석 배치도는 다른 것을 나타낼 수도 있습니다: 학교 기숙사 침실의 침대 배치일 수도 있고, 마을의 패스트푸드 음식점의 일일 근무표일 수도 있으며, 혹은 다른 무언가일 수도 있습니다.

플레이 시작하기

이제, 캐릭터는 모두 완성됐고 플레이어들은 준비되었습니다! 플레이어들에게 네 가지 강령을 명심시킨 다음, 첫 장면으로 뛰어드세요.

이후 첫 세션을 어떻게 운영할지는 p.102-104를 참조하세요.

3장:

마음을 안전하게 지키기

위험성

몬스터하트는 인간과 괴물 양쪽 모두가 되어 병리 현상과 학대, 수치심, 고립, 성소수자의 경험, 폭력, 그리고 때로는 초월성을 다루는 게임입니다. 몬스터하트는 결코 이러한 주제를 가볍게 다루지 않습니다. 흡혈귀가 위험한 성적 학대자로 변할 때, 또는 무고한 사람이 죽음을 맞이할 때 플레이어들은 어려워하고, 어쩌면 안전하지 못하다고 느낄 수도 있습니다. 롤플레잉의 요소 중 하나는 즉흥성이므로, 우리는 무엇을 대비해야 할지 항상 알 수는 없습니다. 이번 장은 앞서 이야기한 어려운 순간이 닥칠 때, 비록 이야기 속에서 위험한 부분을 다루더라도 여러분이 마음을 안전하게 지킬 수 있도록 도움을 제공하기 위해 만들었습니다.

이번 장은 여러분이 플레이에서 누구를 책임져야 하며, 무슨 책임을 져야 하는지 논의합니다. 몬스터하트는 경계선을 설정하고, 플레이할 때 경계선을 재평가하는 몇 가지 방법을 제공합니다. 몬스터하트 플레이는 보람찬 경험입니다. 특히 우리 취약한 부분을 파헤치고, 플레이어 자신들을 비출 때 말입니다. 그러나 이러한 플레이는 무척 힘이 들 수도 있고, 잘못된 방향으로 엇나갈 수도 있습니다. 이 위험 가능성을 어떻게 대처하는지 꼭 알아두세요: 점검하고, 휴식 시간을 가진 다음, 플레이어들에게 서로 돕고 돌보라고 요청하세요.

책임

언어에는 큰 힘이 있습니다. 몬스터하트 같은 게임에서 여러분이 사용하는 언어는 즐거움을 주거나 상처를 주는 힘을 갖췄습니다. 롤플레잉 게임을 할 때, 여러분은 세 가지 범위의 책임을 지면서 언어를 사용합니다. 가장 안쪽 범위는 여러분 자신에게 지는 책임입니다. 여러분은 스스로 안전함을 느껴야 합니다. 그러므로 플레이를 할 때는 경계선을 정하고, 플레이 중에도 기분이 좋은지 나쁜지 계속 스스로 점검하세요. 두 번째 범위는 테이블에 참여한 다른 사람들(그리고 방 안에 있는 나머지 사람들)에게 지는 책임입니다. 다른 사람들이 그은 경계선에 귀를 기울이고, 반응을 살펴보고, 함께 멋진 이야기를 만들기 위해 협력하세요. 가장 바깥쪽 범위는 여러분이 묘사하는 이야기 속 가공의 캐릭터들과 이들의 모델이 된 사람들에게 지는 책임입니다. 명심하세요. 사람은 누구든지 주체성과 힘, 복잡한 특징을 갖췄습니다. 비록 여러분 입장에서 완벽하게 이해할 수는 없더라도, 자신이 맡은 캐릭터 안에 내재한 주체성과 힘, 복잡한 특징을 찾아내어 테이블에 있는 사람들 모두에게 보여주는 것은 여러분 책임입니다.

즉, 여러분은 자기 자신과 테이블에 있는 다른 사람들, 그리고 여러분이 묘사하는 사람들에게 책임을 집니다. 여러분의 책임은 자신에게 지는 책임을 중심으로 해서 점점 더 범위가 넓어집니다.

그 과정에서 실수도 나올 것입니다. 책임을 지라는 의미는 실수를 무조건 하지 말아야 한다는 뜻이 아닙니다. 단지 자기 실수를 진심으로 깨닫고, 고치려 노력해야 한다는 뜻입니다. 이는 몬스터하트를 플레이하는 이유 중 하나이기도 합니다. 상황을 살피고, 인간의 욕구와 공포를 파헤치고, 실수를 저지른 다음 무언가를 배우니까요. 이런 영역을 안전하게 탐사하려면, 여러분은 책임감 있는 태도를 지니고 자기가 할 일을 외면하지 말아야 합니다.

경계선 정하기

한 가지 까다로운 부분은, 스스로 만든 경계선을 끊임없이 알아야 한다는 점입니다. 경계선은 매 순간 안전하고 싶은 욕구와 탐구하고 싶은 욕구에 따라 변화하며 발전합니다.

때로, 플레이 첫 장면을 시작하기 전 자기 경계선을 입 밖으로 표현하면 도움이 됩니다. 여러분이 몬스터하트로 어떤 종류의 이야기를 플레이할지 고려할 때, 특히 민감하거나 불쾌한 부분이 있다면 그런 소재를 플레이에서 빼달라고 테이블에 요청할 수 있습니다. 일부 주제와 요소는 규칙 안에 깊숙이 엮여 있어서 제외하기 어렵지만, 그 외 다른 요소는 충분히 게임에서 제외할 수 있습니다. 제가 플레이할 때는 보통 학생과 교사 사이의 성적 관계는 어떠한 종류든 금지해 줄 것을 요청합니다.

각 플레이어가 플레이하려는 스킨도 검토하세요. 스킨은 특정한 유형의 병리 현상이나 위험성을 중심으로 다루는 경향이 있습니다. 흡혈귀는 동의 문제와 정서적인 거부를 중심으로 다루며, 구울은 중독과 변덕스러운 폭력을 중심으로 다룹니다. 각 스킨은 각각 다른 영역의 문제를 테이블에 끌어옵니다. 만약 어느 스킨이 여러분에게 민감하거나 불쾌한 부분과 관련이 있다면 다음 중 한 가지 방법을 선택하세요. 첫째, 그 스킨을 플레이에서 빼달라고 테이블에 요청하세요. 둘째, 해당 스킨을 검토하는 플레이어에게 그 스킨과 연관된 문제가 여러분의 경계선과 관련이 있다고 알려준 다음, 여러분이 알려준 경계선을 지키면서 그 스킨을 플레이할 준비가 되었는지 선택하게 하세요. 셋째, 직접 그 스킨을 선택해 여러분 스스로 수용 가능한 방식으로 다룰 수 있도록 플레이하세요.

여러분은 경계선을 정해서 친구 플레이어들에게 여러분이 어떤 이야기 요소를 다루기 싫어하는지 알려줄 수 있지만, 그 반대로 플레이하는 동안 어떤 종류의 문제를 특히 파헤치고 싶은지 선언할 수도 있습니다.

여러분은 플레이를 시작하기 전 경계선을 정해두더라도 플레이 도중에 얼마든지 점검하고 재평가할 수 있습니다. 플레이하면서 직접 점검하세요. 장면 안 내용에 어떤 느낌을 받는지 주의를 기울이세요. 게임 안에서 벌어지는 사건 때문에 혼란스럽거나, 갑갑하거나, 마음이 아프거나, 의심이

드나요? 그렇다면 새로운 경계선을 선언하거나 접근 방식을 다르게 해달라고 요청할 시간일지도 모릅니다.

여러분은 인생 전반에 걸쳐 자기 경계선을 표현하고 자신을 안전하게 지키기 위해 여러 수단과 방법을 사용했습니다. 여기서 소개하는 새로운 수단과 규칙 역시 주저하지 말고 사용하세요. 몬스터하트에서 소개하는 새로운 방법은 여러분이 그은 경계선을 좀 더 쉽게 알리기 위한 것이지, 여러분이 이전부터 알고 사용하던 자기 보호 기법을 대체하려는 의도가 아닙니다. X-카드 같은 기법은 플레이어들이 다 같은 방법으로 자신의 관심사를 다룰 수 있도록 돕는다는 이점이 있습니다.

몬스터하트는 골치 아픈 관계와 논란이 될 만한 입장을 적극적으로 플레이하는 게임이기 때문에, 때로는 어디서 선을 그어야 할지 어려움을 겪을 수도 있습니다. 이런 이야기의 맥락 속에는 좋은 불편함과 나쁜 불편함이 있습니다. 몬스터하트는 마치 잘 만든 공포 영화처럼 좋은 불편함을 헤쳐나가는 매력을 갖춘 게임입니다. 하지만 이런 이야기를 즐기기 위해서 여러분은 어떤 불편한 감정을 파헤치면 재미있을 것 같고, 어떤 불편한 감정을 파헤치면 불안할 것 같은지 가려내야 합니다. 어떤 방식으로 불편함을 느끼고 싶은지, 어디에 경계선을 그을지는 여러분의 결정에 달렸습니다.

여러분은 플레이 도중 경계선이 변했다고 생각할 수도 있습니다. 좋은 불편함은 언제든 나쁜 불편함으로 바뀔 수도 있고, 그 반대 방향으로도 가능합니다. 처음에는 흥미진진하고 짜릿했던 주제가 위험하고 불쾌하게 바뀔 수도 있습니다. 반대로 처음에는 고통스럽고 다루고 싶지 않던 주제를 나중에는 흥미를 느끼고 거리낌 없이 파헤쳐볼 수도 있습니다.

X-카드

X-카드는 존 스타브로폴루스가 만들고, 이후 다른 많은 제작자가 발전시킨 게임 기법입니다. X-카드는 플레이 중 문제가 있거나 달갑지 않은 내용을 다루는 플레이어들을 돕기 위한 선택권입니다.

X-카드를 테이블에 소개하려면, 우선 색인 카드에 두껍게 X 표시를 그리세요. 다음 내용을 읽거나, 여러분이 직접 내용을 만들어서 소개하세요: "여러분 모두가 플레이를 재미있게 즐길 수 있도록 도울게요. 만약 뭔가 속상하거나 불편한 내용이 나오면, 이 X-카드를 들어 올리세요. 아니면 그냥 툭 쳐도 돼요. 큰 문제든 작은 문제든 상관없어요. 뭐든 X-카드가 나온 내용이라면 수정할 거예요. 왜 그 내용을 원하지 않는지 설명할 필요는 없어요. 이유는 상관없어요. 기꺼이 다른 내용으로 바꿀 거니까요. 누구든 아무 때나 X-카드를 쓸 수 있어요."

여러분은 플레이하면서 때때로 다른 플레이어의 눈치나 표정, 몸짓 등을 알아차릴 때가 있습니다. 플레이 중 급격한 전개가 발생할 때, 플레이어들이 무언가 우물쭈물하거나 불확실한 표정을 짓나요? 가끔 사람들은 필요할 때 사용할 도구가 있다는 사실을 잊는 경우도 있습니다. 언제든지 플레이어들에게 물어봐도 좋습니다. "저기, 모두 이렇게 내용이 전개되어도 좋나요? 아니면 X-카드를 쓸까요?" 특정 개인을 지목하려고 하지 마세요. 다만 테이블의 분위기에 주의를 기울이세요.

X-카드에 관한 더 자세한 내용은 http://tinyurl.com/x-card-rpg(영문)을 참조하세요.

페이드 아웃

여러분은 원하는 대로 영화의 기법을 쓸 수도 있습니다: '
페이드 아웃' 말입니다. 때로 여러분은 이야기가 특정한
방향으로 흐르는 것은 허용하더라도, '화면에 나타나도록'
서술하고 싶지 않을 때도 있습니다. 이 경우, 여러분은
언제든지 이렇게 말할 수 있습니다. "저는 이 시점에서 페이드
아웃을 하고 싶어요." 보통은 이 정도 선언만으로 충분합니다.
이제부터 여러분 캐릭터가 성관계를 맺거나 폭력을 행사하는
등 무언가 할 것이라는 사실을 테이블 전원이 뚜렷하게 알
테니까요.

만약 두 캐릭터가 성관계를 맺는다면, 굳이 장면을 이어
생생하게 묘사를 하지 않고 이 시점에서 페이드 아웃을
하더라도 두 캐릭터의 섹스 액션은 효력을 발휘합니다.

> 레일리는 축구부 연습이 끝난 후 탈의실에서 캐시디와
> 마주칩니다. "저기, 제라드가 공격당한 다음에 네가 빅한테
> 뭐라고 했는지 들었어. 정말 멋지더라. 왜 네가 제라드를 위해서
> 나서줬는지 아직은 확실히 모르겠지만, 고맙다고 말하고 싶어."

79

> 케시디는 한 걸음 앞으로 나서면서, 레일리의 팔에 손을
> 얹습니다. "정확하게 말하자면, 어떤 면에서는 널 위해서 한
> 거야. 제라드는 네 친구니까. 내가 제라드를 특별히 좋아하는
> 건 아니지만, 그래도 네가 원하는 걸 이루면 좋겠어." 레일리는
> 숨이 턱 막히는 것을 느끼면서, 캐시디의 뜨거운 시선을 마주
> 봅니다. 곧, 두 소녀는 탈의실에서 관계를 맺습니다.

> 로레인은 레일리가 옷을 머리 위로 벗어던진 다음, 떨리는
> 손으로 어떻게 케시디가 옷을 벗도록 도왔는지 묘사합니다.
> 가브리엘라는 이 정도면 충분히 들었다고 결정하고, 페이드
> 아웃을 제안합니다. "좋네요." 로레인과 코디도 동의합니다. "
> 우리 캐릭터들은 아마 성관계를 맺었겠죠? 그 캐릭터는 어떤
> 섹스 액션을 가졌어요?"

숨 돌리기

몬스터하트를 할 때는 중간중간 쉬는 시간을 가지세요.
격렬한 장면을 마친 다음에는 몇 분간 쉬면서 농담을 나누고
분위기를 좀 푸세요. 세션 동안 최소한 한 두 번은 사람들이
실제로 테이블을 떠나 물을 마시면서 쉬도록 하세요. 한
시즌을 마친 다음에는, 몬스터하트를 다시 플레이할지
결정하기 전 본문에 나온 조언대로 기분전환을 위해 다른
게임을 플레이하세요.

휴식 시간을 가지면 숨을 돌리면서 각 장면의 내용을
어떻게 느꼈는지 되새기고, 여러분이 선언한 경계선을 좀
더 심사숙고할 수 있습니다. 또한, 이야기 진행 방향이
만족스럽지 못할 때도 휴식 시간을 가지면서 어떤 식으로
대응할지, 어떻게 나아갈지 결정할 수 있습니다. 다른
플레이어들과 대화를 나눌 건가요? 캐릭터를 다른 식으로
플레이해볼 건가요? 아니면 플레이에서 잠시 빠질 건가요?
어쩌면 이렇게 말해야 한다는 사실을 깨달을 수도 있습니다.
"여러분, 이번 장면은 정말 자극적이었고, 좀 무서웠어요.
그래도 이런 식으로 이야기가 진행되어서 좋아요."

회복

여러분은 몬스터하트를 하는 도중 감정을 상할 수도
있습니다. 이런 경우가 발생하면 어떻게 해야 할까요?
여러분만큼 자신을 아는 사람은 없으므로, 그 순간 무엇을
해야 할지는 결국 스스로 결정해야 합니다. 이 책은
여러분에게 조언과 전략을 제시할 수는 있지만, 어떠한 말과
글도 자기 직감보다 도움이 될 수는 없습니다.

이번 장 앞에서 이야기했듯, 여러분은 자신과 테이블에
참석한 다른 사람, 여러분이 묘사하는 이야기 속 대상이라는
세 가지 범위의 책임을 집니다. 가장 먼저 생각할 책임은
가장 안쪽 범위입니다. 즉, 자기 안전이 최우선입니다. 어쩌면
이 순간 여러분은 자신을 돌보는데 급급할 수도 있습니다.
괜찮습니다. 힘이 날 때 바깥쪽으로 눈을 돌리세요.

다른 사람들에게 멈춰달라고 요청할 수 있다는 사실을
잊지 마세요. 만약 요청하지 않는다면, 여러분이 과거

내용에 사로잡혀 감정을 추스르려고 노력하는 동안 다른 사람들은 내용을 계속 눈덩이처럼 키울지도 모릅니다. 때로 이 상황에서 무엇을 하고 싶은지 정확히 모를 수도 있습니다. 하지만 내용이 불명확하더라도 무언가 해야 한다는 필요성만큼은 충분히 느낄 것입니다. 그러므로 사람들에게 잠깐 멈춰달라고 요청을 하면 생각을 정리하는 데 도움이 됩니다. 다른 플레이어가 힘들어하는 모습을 본다면, 괜찮은지 물어보거나 그 사람을 대신하여 이야기 속에서 무언가를 빼달라고 요청할 수도 있습니다.

RPG행사 같은 곳에서 만나 플레이하는 사람들은 여러분이 어디가 불편한지 모르고 넘어가거나, 알면서도 언급하기 주저할 수도 있습니다. 여러분은 자기 마음을 가장 먼저 돌봐야 하기 때문에, 계속 플레이할 준비가 되었는지, 휴식을 요청해야 할지, 도움을 청해야 할지, 아예 세션에서 빠져야 할지 스스로 선택하세요.

만약 다른 사람이 힘들어 보이는데 아직 도움을 요청하지 않았다면, 섣불리 압박을 주어서 상대를 당혹스럽게 만들지 마세요. 오히려 불안과 압박만 더할 뿐입니다. X-카드 같은 도구를 사용한다면 테이블 전체에 "모두 이대로 진행해도 좋나요? 아니면 X-카드를 쓸까요?"라고 물어볼 수 있습니다. 현재 장면을 잠시 멈춘 다음, 5분간 쉬자고 제안해도 좋습니다. 휴식시간 동안 다른 플레이어들에게 괜찮은지 물어보세요.

이야기가 누군가의 경계선을 침범했을 때 이야기를 다시 원래대로 되돌리는 방법은 여러 가지가 있습니다. 필요한 부분에 맞춰 방법을 정하세요: 잠시 휴식을 취하고 사건의 전환점을 소화한 다음 돌아오세요. 이야기를 계속 이어가되 더 끄는 대신 페이드 아웃으로 처리하고 다른 장면으로 넘어가세요. 특정 요소를 이야기 속에서 뺀 다음 해당 요소를 도입한 플레이어에게 다른 것으로 대체해달라고 요청하세요. 잠시 플레이를 중단한 다음 게임 목표와 경계선을 놓고 폭넓게 이야기를 나누세요. 어떤 해결책을 사용할지 머리를 맞대고 자유 토론을 하세요. 때로는 어떤 방법을 써야 할지 뚜렷하게 보이고, 때로는 어떤 방법을 써야 할지 좀 더 논의해야 합니다.

플레이할 이유

벌어질 수 있는 위험과 이에 따른 대처법을 놓고 폭넓게 논의한 다음에는, 무엇보다도 왜 이런 위험을 무릅쓰는지 상기해야 합니다. 여러분은 왜 몬스터하트를 플레이하나요?

첫째, 매력적이지만 결함도 많은 캐릭터들이 수치심과 불확실성, 커다란 힘 같은 문제 앞에서 어떻게 헤쳐나오는지 보고 싶기 때문입니다. 몬스터하트의 캐릭터들은 쉽게 사랑에 빠지고, 쉽게 미움에 불탑니다. 이런 복잡함 속에서 근사한 이야기가 탄생할 수 있습니다.

둘째, 소외당한 사람들을 중요하게 생각하기 때문입니다. 성소수자들은 이 세상에서 쉽게 지워집니다. 괴물성이라는 소재는 잊힌 성소수자들을 나타내는 지저분한 비유입니다. 캐릭터들은 계속 사람들 속에 녹아들까요, 아니면 결국 이 세상에 송곳니를 드러낼까요? 자기 힘과 약점을 어떻게 받아들일까요?

셋째, 여러분이 그 혼란한 청소년기를, 여러분 자신이 겪은 청소년기를 이해하려 계속 노력하기 때문입니다. 캐릭터들이 만드는 이야기는 어쩌면 여러분 자신의 경험과 많이 다를 수도 있지만, 다루는 주제는 같습니다. 비록 캐릭터들은 날카로운 송곳니가 돋았고, 영혼을 사고팔며, 가마솥 앞에서 주문을 외우는 이들임에도 불구하고, 단순한 괴물은 아닙니다. 캐릭터들은 몸과 마음이 훌쩍 자라면서, 자기 욕구를 어떻게 충족시켜야 할지 배우려 노력합니다. 이들은 한때 여러분이 겪은, 그리고 때때로 여전히 겪는 청소년기의 모습입니다. 여러분은 익숙한 지금의 틀에서 벗어나 그때 그 시절을 떠올리기 위해 플레이합니다.

4장:

MC

MC 여러분이 맡을 역할

MC는 테이블에 참석한 다른 사람들과 함께 p.9에서 설명한 네 가지 강령을 공유합니다:
✦ 주연 캐릭터의 삶을 지루하지 않게 합니다.
✦ 이야기를 마음껏 날뛰게 합니다.
✦ 규칙에 따라 말합니다.
✦ 정직하게 말합니다.

하지만 이러한 공통점에도 불구하고, MC는 나머지 플레이어들과 다른 독특한 위치에서 별도의 규칙을 가지고 게임을 플레이합니다.

플레이를 준비할 때는 보통 MC가 게임을 가르치고 돕는 역할을 맡습니다. 이번 장은 MC를 맡을 여러분이 읽을 내용으로, MC가 어떤 역할을 하는지 안내합니다.

MC는 주연 캐릭터 외의 모든 조연 캐릭터를 맡으며, 어두운 하늘이나 폐극장처럼 무대의 세부 설정 대부분도 담당합니다. 그리고 MC를 할 때 가장 좋은 지침이 되는 원칙을 따릅니다. 주사위는 굴리지 않지만, 대신 주연 캐릭터들이 맞부딪힐 지저분하고 복잡한 상황을 잔뜩 만들 수 있도록 MC가 할 말을 돕는 문구 목록인 반응을 활용합니다.

MC는 주연 캐릭터를 제외한 나머지 세상을 전부 플레이하면서 주연 캐릭터들이 어떻게 세상을 헤쳐나가는지 지켜봅니다.

원칙

원칙은 MC를 하면서 선택을 내릴 때, 장르에 어울리는 이야기를 만들고 결실을 보도록 돕는 최선의 지침입니다. MC는 원칙을 항상 염두에 두고, 플레이를 할 때 몸에 배도록 해야 합니다. MC는 다른 플레이어들과 함께 네 가지 강령을 공유하며, 원칙은 이 강령을 기반으로 합니다. 원칙을 구현하면 게임을 더욱 주제에 걸맞게 만들고, 매력적이며, 극적인 이야기로 가득 채울 수 있습니다.

✦ 멜로드라마를 적극적으로 끌어들입니다.
✦ 플레이어가 아니라 캐릭터와 대화합니다.
✦ 괴물을 사람답게 만듭니다. 그 반대로도 만듭니다.
✦ 꼬리표를 비중 있게 활용합니다.
✦ 모든 사람의 삶을 골치 아프게 만듭니다.
✦ 허점을 찾아냅니다.
✦ 자극적인 질문을 하고 그 답을 활용합니다.
✦ 주연 캐릭터의 팬이 됩니다.
✦ 조연 캐릭터를 훔친 차처럼 다룹니다.
✦ 조연 캐릭터에게 간단하면서 불화를 일으킬 만한 동기를 부여합니다.
✦ 때로는 결정권을 포기합니다.

멜로드라마를 적극적으로 끌어들입니다.

플레이 속 세계를 잔뜩 어둠으로 감싸세요. 어떤 장면이 공동묘지에서 일어날 수 있다면, 공동묘지에서 장면을 플레이하세요. 좀 더 덧붙이자면, 보름달이 뜬 밤 공동묘지에서 흡혈귀 여왕이 묘비에 몸을 기대 담배를 한 모금 피우는 모습으로 장면을 시작하세요. 과장되고 신파적으로 MC를 하세요.

플레이어가 아니라 캐릭터와 대화합니다.

게임을 시작하면, 플레이어를 캐릭터 이름으로 부르세요. 그저 살짝 말을 바꾼 것뿐이지만, 플레이어들이 캐릭터로서 생각하고 반응하도록 독려함으로써 생생한 경험을 끌어낼 수 있습니다. 각 캐릭터는 그저 게임의 장기 말이 아닙니다. 대신 과장되며, 아름답고도, 끔찍한 십 대의 모든 경험을 느낄 수 있게 돕는 전달자 역할을 합니다.

괴물을 사람답게 만듭니다. 그 반대로도 만듭니다.

게임을 시작하면, 괴물과 사람이 등장할 것입니다. 이 둘은 마치 구성원이 뚜렷하게 나뉜 두 개의 분리된 집단처럼 보일 것입니다. 플레이어들은 인간 어른들이 모든 일을 척척 해나갈 것이며, 괴물 어른들은 사악한 기생충이라고 여길 것입니다. 기회가 될 때마다 상황을 좀 더 복잡하게 만드세요.

때로는 괴물들이 다시 추악한 모습으로 돌아가기 전 믿기 어려울 정도로 이타적인 측면을 보이도록 하세요. 그리고 반대로 "좋은 사람들"이 어떻게 은밀하고도 비뚤어진 천성을 드러내는지도 나타내세요. 누군가가 선입견을 가지고 이야기 속에서 선을 긋는 순간, 어떻게 그 선을 구부리고 흐릿하게 만들지 궁리하고, 다른 모든 부분에도 적용하세요: 권위나 충성심, 젠더 등은 끼어들어 바꿀 수 있는 사항 중 일부에 불과합니다.

꼬리표를 비중 있게 활용합니다.

십 대를 겪는 사람은 누구든 자신과 주변에 붙는 꼬리표와 차별에 대응해야 합니다. 십 대는 삶 속에서 생물학적 성과 젠더, 인종, 계급, 미, 재능 등 모든 요소를 예민하게 인식하는 시기입니다. 십 대들은 절반의 진실밖에 담지 못한 꼬리표에 자신들이 휘둘린다고 느끼면서도, 정작 자신들도 꼬리표를 이용해 서로를 이해하고, 조종하려 들거나 아군과 적을 구분하는 데 사용합니다. 어디를 가든, 누구와 마주치든 꼬리표를 붙이세요. 꼬리표가 실제로 캐릭터들에게 영향력을 발휘하게 하세요.

모든 사람의 삶을 골치 아프게 만듭니다.

MC는 미식축구팀 동료, 괴물 청소년들의 후견인과 형제자매,
교사, 사서, 기타 등등 모든 조연 캐릭터를 플레이합니다.
이들이 장면에 등장하지 않을 때 그저 전원이 꺼진 채로 대기
상태에 있다고 생각하지 마세요. 조연 캐릭터도 자신들의
삶을 살아갑니다. 즉, 조연 캐릭터들도 실제 사람들처럼
바람을 피우고, 돈을 훔치며, 자신과 관계없는 문제를 엿보곤
합니다.

모든 조연 캐릭터의 일과를 낱낱이 준비할 필요는 없습니다.
하지만 가끔 이들이 무슨 일을 하고 있을지 스스로
물어보세요. 지난 세션에서 제러미를 보지 못했다면, 무슨
나쁜 일을 겪었을지 생각하세요. 조연 캐릭터들이 비록
플레이에 많이 등장하지는 못하더라도 각자 생생하고 골치
아픈 삶을 살고 있음을 가끔 플레이어들에게 상기시켜서
놀라게 하세요.

허점을 찾아냅니다.

두 사람이 서로를 이해하고 인정하게 된다면, 이 관계가
조건부이거나 한쪽에만 유리할 수도 있다는 단서를 찾으세요.
조연 캐릭터 중 하나가 누군가에게 선물을 준다면, 반전을
준비하거나 그 보답으로 무언가를 갚도록 만드세요. 캐릭터
중 누군가가 행복하다면, 이 때문에 불행하다고 할 다른
사람이 있을지 생각하세요. 살리나와 잭슨의 관계는 굳건하고
더없이 행복해 보이지만, 그늘 속에서 록코가 그 모습을
보고 울분을 삭이고 있습니다. 록코는 살리나를 되찾기 위해
얼마나 선을 넘을 것인가요? 모든 상황에서 록코가 나올
기회를 찾으세요. 그다음, 장면 속에서 질문과 선택을 활용해
허점을 상기시키세요. 사람들이 자신의 어떤 허점을 못 보고
지나칠지, 어떤 허점을 찌르면 굴복할지 찾아내세요.

자극적인 질문을 하고 그 답을 활용합니다.

항상 질문하세요. 자세한 오감 묘사를 만들기 위해
질문하세요("방에 무슨 냄새가 나나요?"). 어떤 관점을
가졌는지 드러내기 위해 질문하세요("그래서, 이 야외 파티를
어떻게 생각하세요?"). 잠재적인 이야기의 방향을 강조하기
위해 질문하세요("로라랑 어울린 적이 있나요? 그럴 가능성이
있을 거로 생각해 봤나요?"). 불안감과 공포를 드러내기
위해 질문하세요("왜 제이크가 있는 곳으로 몰래 들어가고
싶지 않나요?"). 긴장을 조성하는 원인을 드러내기 위해
질문하세요("제이크는 당신이 여자와 있는 모습을 본 적이
없는데도, 당신을 계속 동성애자라고 불러요. 왜죠?").

플레이어들이 어떤 대답을 하든, 대답을 믿고 이를 기반으로
이야기를 쌓으세요. 플레이어들이 준 대답에 여러분이 생각한
세부사항을 보탠 다음, 이후 묘사를 할 때 플레이어들이 말한
내용을 포함하세요. 플레이어 중 누군가 질문에 자극적이고
재미있는 대답을 했다면, 어쩌면 플레이 내용마저 바꿀 수
있는 대답을 한다면, 그대로 따르세요. 플레이어들의 대답이
이야기를 예기치 못한 새로운 방향으로 이끌도록 만드세요.
깜짝 놀랄만한 대답을 기대하면서 질문하세요. 이야기를
마음껏 날뛰게 하는 방법의 하나입니다.

주연 캐릭터의 팬이 됩니다.

"주연 캐릭터의 삶을 지루하지 않게 합니다"는 MC와
플레이어가 함께 공유하는 강령입니다. 보통 MC에게 이
강령은 주연 캐릭터들의 삶 속에 역경과 투쟁을 집어넣으라는
의미입니다. 명심하세요. 여러분은 캐릭터를 좌절시키기
위해서, 또는 무언가 보이지 않는 힘을 행사하기 위해 MC를
맡은 게 아닙니다. 고난과 갈등을 플레이에 내놓는 이유는
단지 캐릭터들이 압력 앞에서 어떻게 변하는지 지켜보고,
캐릭터들이 가진 탁월한 재능과 결점이 용솟음치는 모습을
살펴보고, 그렇게 만들어지는 플레이어들의 이야기를
즐기라는 의미입니다. 여러분은 주연 캐릭터들을 애지중지
아낄 필요도 없고, 괴롭힐 필요도 없습니다. 그저 팬이 되세요.

조연 캐릭터를 훔친 차처럼 다룹니다.

이런 식으로 생각해보세요: 몬스터하트의 강령 중 절반인 "주연 캐릭터의 삶을 지루하지 않게 합니다"와 "이야기를 마음껏 날뛰게 합니다"는 흥미진진하고 골치 아픈 선택을 만들어 무슨 일이 일어나는지 지켜보는 데에 목적이 있습니다. 조연 캐릭터들은 그러한 목적을 이루는 수단 중 일부입니다. 그러므로 훔친 차처럼 마구 다루세요. 훔친 차는 지금 이 순간 몰더라도 이 밤이 끝나면 더 탈 일이 없을 것입니다. 난폭하게 플레이하세요. 걸리적거리면 버리세요. 아끼는 캐릭터를 반드시 죽일 필요는 없지만, 조연 캐릭터들이 불안하며 보조적인 존재에 불과하다는 사실을, 죽을 수도 있다는 사실을 받아들일 필요가 있습니다. 아니, 받아들일 뿐만 아니라 즐기세요.

조연 캐릭터에게 간단하면서 불화를 일으킬 만한 동기를 부여합니다.

플레이어들이 어떻게 대응할지 알 수 있을 정도로 조연 캐릭터들을 솔직하고 분명하게 만드세요. 조연 캐릭터들에게 뻔한 목표를 주고, 목표를 달성하기 위해 노골적인 수단을 동원하게 하세요. 주연 캐릭터들을 서로 갈라놓고, 골치 아픈 삼각관계 속에서 서로 물어뜯는 목표를 주세요. 조연 캐릭터의 동기가 투명하면 플레이어들이 속셈을 알아내느라 플레이를 끊임없이 질질 끌 필요가 없습니다. 또한, 조연 캐릭터가 불화를 일으킬 만한 목표를 가지면, 주연 캐릭터들과 세상 나머지 사람들 사이에서 일어나는 극적인 갈등에 게임의 초점을 맞출 수 있습니다. 예를 들겠습니다: 주연 캐릭터인 토미와 파우지는 서로 사귀는 친구입니다. 토미의 이웃인 루나는 토미와 시간을 보내기 좋아하는 믿을 수 있는 친구이며, 토미가 슬플 때는 기꺼이 어깨를 빌려줍니다. 단 한 가지 문제가 있다면 루나가 파우지를 정말로 싫어하며, 호시탐탐 토미와 파우지 사이를 갈라놓으려 벼른다는 점입니다. 루나는 그렇게 복잡한 캐릭터가 아닙니다. 그저 토미를 온전히 자기 것으로 만들고 싶을 뿐입니다.

때로는 결정권을 포기합니다.

이야기를 마음껏 날뛰게 하려면, 때로 결정권을 포기할 줄도
알아야 합니다. 자극적인 질문을 하고 그 답을 활용할 때 이미
이 원칙을 사용한 것이나 다름없지만, 한 발자국 더 나가세요.
"내 구상은 잠시 잊자. 벨그레이브 씨라면 이 일 때문에
아이들을 퇴학시킬까?"라고 스스로 물어본다면 결정권을
조연 캐릭터에게 줄 수 있습니다. 물론 결정권은 여전히 여러분
손에 있지만, 이제 결정을 내릴 벨그레이브씨의 처지에서
생각하게 된 것입니다. 이런 식으로 질문을 해서 결정권을
다른 플레이어에게 줄 수도 있습니다. "좋아요. 베키를 정말
세게 밀쳤네요. 비가 내려서 지붕이 무척 미끄럽습니다.
베키는 균형을 잃고 가까운 지붕 끝 가장자리에서 비틀거리기
시작합니다. 어떻게 할까요?" 주연 캐릭터들이 손을 잡아주지
않으면 베키는 3층에서 떨어질 것입니다. 이런 식입니다.

MC 리액션

플레이어들이 기대에 찬 눈빛으로 여러분을 보면서 무슨 일이 일어날지 기다린다면, 리액션을 하세요. MC는 플레이어 중 누군가 판정에 실패할 때(6 이하로 나올 때), 또는 캐릭터가 위험한 상황에 빠질 때 리액션을 사용할 기회를 얻습니다.

주연 캐릭터들이 이미 서로 다투면서 직접 자신들만의 흥미진진한 드라마를 만드는 중이라면 한 발자국 물러나 있으세요. 반드시 강령이 제대로 작동하도록, 원칙이 이야기 속에서 생생하게 살아 숨쉬게 하세요. 그 외 경우에는 느긋하게 이야기를 즐기세요. 먼지가 가라앉을 즈음에는 리액션 목록을 훑어본 다음 어디를 찔러야 다시 이야기를 돌아가게 할지 살펴보세요.

리액션을 사용할 상황은 빈번하게 찾아옵니다. 대부분의 경우는 아래 목록에서 선택하면 됩니다. 어떤 리액션을 선택했는지 이름을 말하지 마세요. 그 대신 묘사와 선언 속에 엮어 넣어서 마치 주연 캐릭터가 방금 한 말에 자연스럽게 대응한 것처럼, 혹은 주연 캐릭터가 한 행동 때문에 자연스럽게 일어난 결과처럼 보이게 만드세요.

때때로 플레이가 정체되는 순간이 찾아올 수도 있습니다. 장면 전개가 주춤거리고 아무도 이야기가 다음에 어떻게 흘러갈지 알 수 없게 되면, 플레이어들은 분명히 MC를 바라볼 것입니다. 이때가 리액션을 하기 가장 좋은 순간입니다.

쌓은 다음, 무너뜨리세요

MC는 대부분의 시간 동안 쌓기 위해 리액션을 사용합니다: 즉, 무언가를 위험에 빠뜨리고, 위험한 문제를 만들고, 당장 닥칠 폭력의 위협을 내비치고, 심각한 결과로 이끕니다. 쌓기 위해 리액션을 사용한 다음에는, 플레이어들에게 움직이라고 요청합니다. 무언가 말을 하거나 행동을 취해야 합니다. 다음에는 무슨 일이 일어나나요?

때로 MC는 무너뜨리기 위해 리액션을 사용합니다: 다리는 불타고, 피해가 발생하고, 혼란이 일어납니다. 무너뜨리기 위해 리액션을 사용한 다음에는 플레이어들에게 방금 벌어진 결과의 대가를 감당하도록 만듭니다. 상황이 계속 고조되나요? 십 대들의 사회 위계는 회복되나요, 전복되나요? 출혈을 어떻게 막을 건가요? 다음에는 무슨 일이 일어나나요?

퇴짜를 맞아서 복수를 다짐한 치어리더 주장 릴리를 봅시다. 총을 쥐었다면 상황을 쌓는 것입니다. 누군가의 어깨에 총알을 박는다면 무너뜨리는 것입니다.

그래서, 매 순간 어떤 목적으로 리액션을 사용해야 할까요? 대답: 해 보면 알 것입니다. 진지한 대답은 이렇습니다: 이미 무언가 상황을 쌓았고, 플레이어들이 다시 기대에 찬 눈빛으로 바라본다면, 무너뜨리세요.

리액션 목록

- ✦ 서로 묶습니다.
- ✦ 서로 떨어뜨립니다.
- ✦ 가능한 결과를 제시하고 어떻게 할지 묻습니다.
- ✦ 피해를 줍니다. (진행된 이야기에 맞춰)
- ✦ 과감한 수단을 씁니다.
- ✦ 주연 캐릭터의 액션을 역이용합니다.
- ✦ 가능한 한 가장 나쁜 결론으로 치닫습니다.
- ✦ 부적절한 사람에게 위험한 비밀을 노출합니다.
- ✦ 캐릭터에게 끈을 1점 받습니다.
- ✦ 심연을 예고합니다.
- ✦ 어두운 자아를 발동합니다.
- ✦ 리액션을 쓰고 난 뒤에는 항상 "어떻게 할 건가요?"라고 묻습니다.

서로 묶습니다.

서로 앙심을 크게 품은 두 캐릭터를 선택하세요. 서로 두려워하는 두 캐릭터를 선택하세요. 포식자와 먹잇감을 묶으세요. 흥미로운 조합을 이룬다면 누구든 선택한 다음, 서로 묶으세요. 양쪽 모두 그저 정중하게 물러나기 어려운 상황을 조성하세요. 그런 다음 무슨 일이 일어나는지 지켜보세요. 잭과 헉슬리가 지난번 한 방에서 서로 언성을 높이면서 말싸움했다면, 이제 두 캐릭터의 가족이 한데 모여 만찬을 벌이기 매우 좋은 시기입니다. 어쨌든, 두 캐릭터의 어머니는 법률회사에서 함께 일을 하고, 막 중요한 고객의 무죄 선고를 따냈습니다. 그렇죠? 그래서 두 어머니는 페데리치 식당에서 두 가족을 모아 식사하기로 했습니다. 잭과 헉슬리는 어색함 속에서 서로를 낱낱이 살피는 화려한 가족 모임에서 차분하게 참을 수 있을까요? 아니면 두 사람 사이의 앙금이 다시 불붙을까요?

서로 떨어뜨립니다.

두 캐릭터가 서로 과학 숙제를 함께 풀거나, 소심한 모습으로 점차 가까워진다면, 어떤 상황이든 간에 둘을 떨어뜨리세요. 응급실에서 친구 전화가 와서 도움을 요청한다든가, 화재 경보를 울리세요. 어떻게 둘을 떨어뜨릴지 생각해 낸 다음, 둘이 서로 고립된 상태를 이용하세요.

가능한 결과를 제시하고 어떻게 할지 묻습니다.

주연 캐릭터가 무언가를 손에 넣으려 할 때 그 앞에 장애물이 있다면, MC는 캐릭터가 원하는 것을 얻기 위해 어떤 대가를 치러야 할지 명확하게 말할 수 있습니다. 가짜 신분증을 가지고 새로운 클럽에 들어가려고 하는데 경비가 거짓말을 눈치챘을지도 모르지요. 경비는 캐릭터를 들어가도록 허락할 수 있지만, 대가가 따를 것입니다: 돈을 내야 할 수도 있고, 부탁을 들어줘야 할 수도 있습니다. 대가 대신 위험을 택할 수도 있습니다. 캐릭터가 뒷문으로 몰래 들어가려고 하다가 붙잡히면 경찰에 넘겨질 수도 있고, 그보다 더 나쁜 일을 겪을 수도 있습니다. 캐릭터가 계획을 밀고 나갈 때 어떤 장애물이 있을지 알려주세요. 장애물을 뚫고 나간 결과 무슨 결과를 맞이할지도 말하세요. 물러나기는 늦었습니다.

피해를 줍니다.

리코가 안뜰 한가운데 서 있는데, 언데드 폭주족 하나가 총을 겨눴다고 칩시다. 리코는 이 얼간이를 피해 피신처로 달아납니다. 판정 결과는 6입니다. MC는 이미 리코가 총에 맞을 수도 있는 상황을 준비했기 때문에, 빵! 쏩니다. 리코는 피해 2점을 받았고, 허벅지 뒤에 총을 맞아 진흙탕에 나뒹굽니다.

과감한 수단을 씁니다.

2학년생 중에 누군가가 죽었다고 상상해 보세요. 아니면 낡은 공장에서 목격된 이상한 동물이나 학급 사이에서 몇몇 학생들이 파는 새로운 약물 같은 것을. 사람들은 이런 소문을 이야기하곤 합니다. 극단적인 상황에는 과감한 조치가 필요하다는 말을 아시나요? 때때로 몇 가지 과감한 수단을 동원하세요. 주연 캐릭터들이 혼란스러운 드라마를 펼치기 시작하면, 세상은 구금이나 퇴학, 경찰 조사, 전화기 압수, 기이한 실종사건을 심층 취재하기 위해 대도시에서 온 방송 제작진들, 경쟁 중인 무리가 펼치는 중상모략, 학교 교정에서 때려주겠다는 위협 등으로 반응할 것입니다.

주연 캐릭터의 액션을 역이용합니다.

때로 캐릭터들은 제 발로 곤란한 상황에 들어가기도 합니다. 여러분은 그저 이용만 하면 됩니다. 캐릭터들이 저지른 행동이 예상치 못한 결과를 일으켜 오히려 캐릭터들을 깊은 곤경에 빠지게 하세요. 로건이 폭력배들의 두목에게 주먹을 휘둘렀나요? 두목은 벌렁 넘어졌고, 둔탁한 소리를 내면서 보도에 머리를 세게 부딪힙니다. 피가 마구 흘러나오고, 두목은 움직이지 않습니다. 나머지 무리는 어쩔 줄 몰라 헤메다가, 격분합니다. 이제 어떻게 할 건가요?

가능한 한 가장 나쁜 결론으로 치닫습니다.

조연 캐릭터 중 하나가 상황을 완전히 이해하지 못했다면(대부분의 경우 분명 그럴 것입니다), 가능한 한 가장 나쁜 결론으로 치닫게 하세요. 브라야가 살해당한 때, 제이크가 집에 돌아오지 않았다는 사실을 제이크의 엄마가 안다면, 그리고 제이크의 침실에서 총을 발견했다면, 아마도 엄마는 아들이 살인자라고 생각할 것입니다. 엄마를 가능한 한 가장 나쁜 결론으로 치닫게 하세요. 그다음 짤막하게 묘사하든, 아예 새로운 장면을 짜든 조연 캐릭터가 내린 결론을 명확하게, 똑바로 보여주세요.

부적절한 사람에게 위험한 비밀을 노출합니다.

때로는 엉뚱한 사람이 우연히 무언가를 목격하기도 합니다. 예를 들어 제이크가 늑대인간으로 변해 어둠 속으로 달려갔다면, 여러분은 그저 데이비스 하사가 그 자리에 서서 눈을 부릅뜬 채 벌벌 떤다고 묘사하기만 하면 됩니다. 때로는 부적절한 사람이 마침내 모든 증거를 짜 맞추기도 합니다. 제이크의 엄마는 몇 달동안 계속 건조기의 찌꺼기 거름망에서 늑대 털을 끄집어냈고, 이상한 소란을 알아차리고, 밤 늦게 아들이 마치 들개처럼 울부짖는 소리를 들었습니다. 얼마 안 가 무슨 일이 일어났는지 깨달을 것입니다.

캐릭터에게 끈을 1점 받습니다.

어느 캐릭터든 끈을 주연 캐릭터에게 받을 수 있습니다. 주연 캐릭터가 자신의 진정한 본성을 내비친다면, 캐릭터의 영향력을 앗아가거나, 조연 캐릭터가 어떠한 방식으로든 주연 캐릭터에게 영향력을 행사할 수 있도록 하세요. 조연 캐릭터가 주연 캐릭터에게 끈을 1점 받을 수 있는 절호의 기회입니다. 제이크가 로카에게 봄 파티에 같이 가자고 물었을 때, 로카가 거절했다면, 로카가 제이크에게 끈을 1점 받게 하세요. 로카는 제이크가 자신을 좋아한다는 사실을 알았고, 이 사실을 유리하게 사용할 수 있습니다.

조연 캐릭터끼리 끈을 주고받게 하지 마세요. 끈은 언제나 주연 캐릭터와 주고받아야 합니다.

심연을 예고합니다.

플레이어는 자기 캐릭터에게 심연을 들여다보게 해서 심연과 일종의 대화를 나눌 수 있습니다. 그러나 때로, 심연이 먼저 캐릭터에게 접촉해서 대화를 시작할 수도 있습니다. 심연은 개인적인 문제이기 때문에 캐릭터마다 서로 다른 모습으로 나타나며, 심연과 접촉하고 대화를 나누는 방법도 서로 다릅니다. 주변에서 맴도는 목소리일 수도 있고, 격렬한 꿈일 수도 있습니다. 어쩌면 환각이 나타나 차를 권할지도 모릅니다.

어두운 자아를 발동합니다.

이 리액션은 아주 가끔, 상황이 완벽히 맞아떨어질 때만 사용하세요. 주연 캐릭터가 무엇 때문에 정신을 놔버렸는지, 무엇 때문에 내면의 어두운 구석으로 몰렸는지 알려주세요. 그다음 어두운 자아에 빠진 캐릭터가 마구 날뛰게 하세요.

리액션을 쓰고 난 뒤에는 항상 "어떻게 할 건가요?"라고 묻습니다.

위 목록의 리액션을 사용할 때는 플레이어들이 반응할
흥미로운 상황을 만든 다음, 플레이어들의 대응을 적극적으로
유도하세요. 리액션을 사용할 때마다 항상 묻고 또 물으세요:
"어떻게 할 건가요?" 결국, 플레이어들은 이 질문에 어떻게
답할지 몸에 배어 여러분이 묻기도 전에 본능적으로 답할
것이고, 연쇄 반응이 일어나서 서로가 다른 사람들의 생각을
발판으로 삼아 이야기 속을 달려나가게 됩니다. 정말로
근사합니다.

레일리와 관계를 맺기 시작한 후부터, 캐시디는 레일리를
독점하려 듭니다. 과학 시간에 각자 짝을 지어서 실험을
시작할 때, 캐시디는 먹이를 낚아채는 매처럼 레일리를 자기
짝으로 삼으려 합니다. 제라드는 그사이에 끼어들었습니다.
"캐스, 미안하지만 레일리는 나랑 이미 짝을 지었거든?"
옥신각신 말싸움이 시작되고, 제라드는 캐시디를 **닥치게
합니다.** 가브리엘라는 5를 굴렸습니다. MC가 리액션을 사용할
기회입니다.

MC는 제라드와 캐시디가 서로 강제로 팀이 되면 어떻게 될지
궁금해져서 둘을 **서로 묶습니다.** 과학 교사는 짜증을 내면서
외칩니다. "그만! 너희 세 명은 어린애처럼 구는구나. 제라드,
너는 캐시디랑 같이 실험해라. 레일리, 넌 제슬린네 조에
껴라. 입 다물고 실험 시작하지 않으면 너희 셋 모두 이번 과제
빵점이다."

장면은 이어지고, 제라드와 캐시디가 이야기의 조명을 받습니다.
MC가 묻습니다. "캐시디, 이 멍청한 교사는 당신을 제라드와
짝을 짓게 했어요. 참 궁금하네요. 어떻게 할 건가요?" 코디는
잠시 생각하다가 대답합니다. "음, 지금 이 모든 상황에 화가 날
것 같아요. 그냥 나갈 겁니다. 제 물건을 챙기고 문밖으로 곧장
걸어 나갑니다."

조연 캐릭터 관리하기

MC는 반 친구나 교사, 부모, 다른 공동체 일원 등 여러 조연 캐릭터를 관리합니다. 이들 전부를 파악해 두려면 종이에 적어두는 편이 가장 좋습니다. 조연 캐릭터가 등장할 때마다 종이에 이름을 적으세요. 조연 캐릭터의 핵심 관계를 적은 다음, 만들 만큼 중요하다면 버릇도 정하세요. 이미 좌석 배치도에 여러 조연 캐릭터가 적혀있습니다. 그러니 조연 캐릭터들이 끈을 얻기 시작하거나 이야기에서 중요한 비중을 차지하게 되어 더욱 많은 사항을 기록해 둘 필요가 생기지 않는 한 굳이 다른 종이에 적을 걱정은 안 해도 됩니다.

조연 캐릭터의 이름은 좌석 배치도처럼 깔끔하게 적지 않아도 됩니다. 그저 알아볼 수 있을 정도로, 기억을 떠올리는 데 도움이 될 수 있을 정도로 적으세요.

조연 캐릭터가 받는 끈

캐릭터라면 누구든 끈을 받을 수 있습니다. 하지만 끈은 반드시 주연 캐릭터와 주고받아야 하며, 조연 캐릭터끼리 서로 끈을 주고받을 수는 없습니다. MC는 조연 캐릭터가 주연 캐릭터에게 받은 끈을 관리하는 책임을 집니다. 조연 캐릭터를 적어 둔 종이에 받은 끈도 기록하세요.

주연 캐릭터와 마찬가지로, 조연 캐릭터도 자신이 정서적으로 영향력을 발휘할 수 있는 상대에게 끈을 가집니다. 끈을 1점 사용한다면 어떠한 방식으로든 이 영향력을 이용해 무언가를 했다는 의미입니다.

MC는 조연 캐릭터가 가진 끈을 주연 캐릭터에게 네 가지 방식으로 사용할 수 있습니다.
+ 시키는 대로 하면 경험치 1점을 줍니다.
+ 상태 하나를 줍니다.
+ 피해를 1점 추가합니다.
+ 불쑥 나타나 리액션을 사용해서 단번에 불리한 상황으로 몰아넣습니다.

처음 세 가지 선택지는 주연 캐릭터가 **끈 잡아당기기**에서 사용하는 선택지를 거꾸로 반영했습니다. 이중 첫 번째와 두 번째 선택지는 일종의 당근과 채찍으로, 상대에게 원하는 일을 하도록 유혹하거나 거스른 대가로 벌을 주는 것입니다. 조연 캐릭터가 뒷공작과 속임수로 주연 캐릭터에게 상태를 주었다면, 주연 캐릭터가 어떻게 자신의 상태를 알았는지 명확하게 해 두세요.

네 번째 선택지는 MC만이 사용할 수 있는 고유한 수단입니다. 이를 선택했다면 어디선지 모르게 큰 반전을 준비하고 나타났거나, 조연 캐릭터 중 누군가에게 잠시 큰 힘을 실어줍니다. 명심하세요. 끈은 조연 캐릭터가 특정한 주연 캐릭터에게 가진 정서적인 힘을 나타냅니다. 그러므로 조연 캐릭터가 사용하는 리액션은 둘 사이의 관계를 반영해야 합니다.

형편없이 얻어터졌음에도 불구하고, 제라드는 여전히 빅에게 홀딱 빠졌습니다. 제라드는 기이한 꿈속에서 빅이 시종들을 거느린 채 피의 성배를 든 모습을 보았습니다. 제라드는 빅이 일종의 악마숭배 집단에 관여하고 있다는 사실을 알았습니다. 제라드는 이 집단의 일부가 되기를 간절히 원합니다.

제라드는 몸이 달아서 몇 번이나 이들 집단에 관한 단서를 찾고 초대를 받기 위해 애를 썼습니다. 빅은 제라드에게 끈을 받고, 계속 받았습니다. MC는 마침내 빅이 제라드에게 자신을 증명할 기회를 한 번 주기로 했습니다. "넌 정말 바보야, 제라드. 네가 지금 무슨 상황에 빠졌는지도 모르지. 하지만 좋아. 정말 우리와 어울리고 싶다면, 내가 시키는 대로 해야 해. 레일리를 데려와. 제 발로 우리 집단에 가입자로 들어오게 하든, 희생 제물로든. 어때?" MC는 빅이 제라드에게 가진 끈을 1점 사용해서 만약 **시키는 대로 하면 경험치를 주겠다고 제안합니다.**

제라드는 침을 꿀꺽 삼킵니다. 레일리는 지금까지 자신에게 잘 해 주었습니다. 하지만 제라드는 지금 그 무엇보다도 빅의 무리에 끼기를 원합니다. "음… 좋아, 그렇게 하자. 해 볼게." 제라드는 경험치를 받습니다.

좌석 배치도 사용하기

좌석 배치도는 MC가 사용하는 중요한 도구입니다. MC는
p.70-71에서 자세하게 소개한 대로 플레이를 준비하면서
좌석 배치도를 만듭니다. 플레이하는 동안 좌석 배치도는
수많은 이야깃거리를 모아둔 저장고 역할을 합니다.
리액션으로 캐릭터들을 **서로 묶고 싶다면**, 좌석 배치도를
훑어본 다음 누군가를 장면에 끼워 넣으세요. **부적절한
사람에게 위험한 비밀을 노출하고 싶다면**, 좌석 배치도에
분명 부적절한 사람이 적혀 있을 것입니다. 좌석 배치도에는
활용할 수 있는 캐릭터뿐만 아니라, 각 캐릭터에 관한
흥미진진한 소문 목록도 있습니다. 여러분은 이러한
세부사항을 적극적으로 활용해 MC의 원칙을 플레이 속에서
실제로 굴러가게 할 수 있습니다.

게임 속 모든 관계에서 만들어지는 인간 관계망을 직접
떠올려보세요. 만약 주연 캐릭터들이 각자 따로따로
자신만의 이질적인 집단과 친구들을 가진다면, 관계망은
그다지 얽혀있지 않을 것입니다. 그저 느슨히 연결된
가락일 뿐이지요. 만약 모든 캐릭터가 서로 얽혀있고, 모든
부분에서 캐릭터들의 관계가 서로 겹친다면 관계망은 굵고
빽빽한 모습일 것입니다. 복잡한 관계망은 세 가지 이유로
중요합니다: 첫째, 관계가 서로 겹칠수록 여러분이 관리할
캐릭터가 줄어들어서 MC를 더욱 쉽게 플레이할 수 있습니다.
둘째, 캐릭터가 맺은 어떤 관계가 서로 달라지거나 끊어져도,
여러분은 그 관계를 그저 사라지는 것 이상으로 활용할
수 있습니다. 예를 들어 루가 아심을 찼을 때, 그저 아심이
이야기에서 순순히 사라진다면 무척 재미없을 것입니다.
여러분은 루 근처에서 아심을 어슬렁거리게 해서 루에게
골칫거리를 안겨줄 수 있습니다. 셋째, 캐릭터들이 골치아픈
삼각관계에 얽혀 있다면, 두 캐릭터 사이에서 어떠한
상호작용이 벌어지든 결국 파문을 일으킬 것입니다. 아심은
루의 절친한 친구와 무척 친합니다. 아심은 루의 실험실
동료와 같은 농구팀에 있습니다. 만약 아심이 루에게 차인 후
깊은 상심에 빠진다면, 많은 사람이 영향을 받고, 루의 다른
관계에도 새로운 압박을 줄 것입니다. 아무것도 쉽게 끝나지
않습니다.

새로운 캐릭터를 장면에 등장시키고 싶으면, 좌석 배치도를
보고 조건에 적합한 캐릭터가 이미 있는지 확인해보세요.
좌석 배치도를 사용해 **빽빽한 관계망**을 만드세요.

첫 장면

2장에서는 첫 세션을 어떻게 준비할지, 어떻게 캐릭터를
만들고 어떻게 다른 사람들에게 게임 활용법을 가르칠지
설명했습니다. 모든 준비가 끝나면 의욕에 가득 찬
플레이어들과 완성된 좌석 배치도가 눈앞에 있을 것입니다.
플레이어들은 기대에 찬 눈빛을 보내겠지요.

첫 장면을 펼칠 때는 큰 기대와 압박이 따를 수도 있습니다.
이 순간을 준비하기 위해 30-60분 정도를 투자했을
것입니다. 천천히 숨을 들이마시세요. 첫 장면은 보통 느리게
시작되곤 합니다. 괜찮습니다. 아무 문제도 없습니다. 관계는
저절로 제 모습을 드러나고, 감정은 쌓이기 시작합니다. 곧
드라마와 액션이 펼쳐질 것입니다.

머릿속에 준비해 둔 완벽한 첫 장면이 있다면, 직감을
믿고 시작하세요. 하지만 대부분의 경우 첫 장면을 짜기
가장 좋은 장소는 교실입니다. 교실은 여러 명의 캐릭터를
한꺼번에 소개하고, 이야기 시작 시점에서 캐릭터들이 어떻게
서로 연관되어 있는지 나타내기 좋은 장소입니다. 또한,
교실은 (이후 뒤집고 산산이 부술) 일상의 느낌을 형성하는
공간이기도 합니다. 제가 MC로서 처음 던지는 질문은 보통 "
좋아요, 누가 교실에 일찍 왔나요?"입니다. 저는 여기서부터
시작해서 장면을 펼치는 동안 점점 더 많은 사람들을 교실로
들여보냅니다.

여러분은 첫 장면에서(그리고 어느 정도 더 나아가 첫 세션
동안 내내) 사정을 살핀 다음 플레이어들이 실제로 어떤
이야기를 파헤치는 데 관심을 가지는지 파악해야 합니다.
부치라는 이름을 가진 조용하고 성난 친구가 주연 캐릭터
사이를 어깨로 밀치면서 지나갔다면, 주연 캐릭터들이 덥석
달려들까요? 무시한다면 그냥 포기하세요. 캐릭터 중 하나가
"보고 좀 다녀라, 이 얼간아."라고 말한다면, 이제 플레이 중에
더 깊이 파헤칠 수 있는 흥미진진한 관계가 생긴 것입니다.

교실에서 첫 장면이 벌어지면, 여러분은 여러 가지 다른
관계들을 연이어 실험할 수 있습니다. 교실에 있는 사람들은
다른 친구의 책상 사이를 지나가거나, 연필을 빌려야
하기 때문입니다. 캐릭터들이 무엇을 갈망하는지, 무엇을
두려워하는지, 자신의 삶 속에서 무엇을 통제하지 못하는지
단서를 찾으세요. 몇 가지 메모를 작성하세요.

장면이 늘어지기 시작하면 생략하고 다음 장면으로 넘어가세요. 자극적인 질문을 하고 그 답을 활용하세요. 좌석 배치도에 적은 모든 내용을 이점으로 활용하세요. 적은 메모를 활용하세요.

어떻게 이야기를 굴러가게 할지 몰라 초조하다면, 여기 세 가지 확실한 방법을 사용해 보세요.
✦ 실종자를 만드세요.
✦ 파티를 준비하세요.
✦ 싸움을 붙이세요.

실종자를 만드세요.

첫 장면은 교실에서 시작합니다. 종이 울리면서 학생들이 자리를 채우고, 하나둘씩 모두 들어옵니다. 누군가 오지 않은 사람만 빼고요. 수업이 시작했지만, 제시는 여전히 보이지 않습니다. 곧 경찰이 도착합니다. 경찰 중 두 명이 교사를 옆으로 데려가 긴급한 목소리로 이야기합니다. 걱정스러운 분위기가 교실을 휘감습니다. 학생 중 하나가 뛰쳐나가도 괜찮을지 가늠하는 얼굴로 창문을 유심히 봅니다. 사람들은 다음에 무엇을 할 건가요?

또는 첫 장면을 열기 전 좌석 배치도를 만들면서 이 상황을 준비할 수도 있습니다. 이름 하나를 적은 다음 선을 그어서 지우고 실종된 사람 책상에 크게 X자를 그리세요. "제시는 언제 실종됐나요?" 그다음에는 다음 플레이어에게 물으세요. "무슨 일이 일어났다고 생각하나요?"

파티를 준비하세요.

수업이 시작한 다음, 교사가 칠판으로 몸을 돌리면, 어느 인기 많은 편의 캐릭터가 다른 학생들에게 자기네 집에서 큰 파티를 열 거라고 다른 학생들에게 쪽지를 돌립니다. 이미 자신만의 추종자들을 모은 주연 캐릭터가 있다면, 그 사이에서 벌어지는 불꽃 튀기는 긴장감을 포착하세요. 이런 식으로 자극적인 질문을 던지세요. "재클린, 파티 초대를 받고 어떻게 생각해요? 이미 오늘 밤에 열 큰 파티 준비를 짜고 있지 않았나요?" 그렇게 파티 준비 드라마가 펼쳐진다면, 훌륭합니다! 그렇지 않더라도, 나중에 사용할 수 있는 근사한 장면을 준비한 것입니다.

싸움을 붙이세요.

조연 캐릭터 목록을 보면, 시끄럽고 예측 불허인 캐릭터가 한 명 정도는 있을 것입니다. 이 캐릭터가 누군가에게 싸움을 걸게 하세요. 골치 아프고 복잡한 이야기로 만들고 싶다면, 이 허풍쟁이가 다른 문제에 어떻게 얽혀 있는지도 분명하게 알 수 있도록 몇 가지 세부사항을 묘사하세요. 어쩌면 눈물을 흘린 탓에 눈이 벌게졌을 수도 있고, 이미 팔을 다쳐서 삼각건을 둘렀을지도 모릅니다. 이 캐릭터가 단순히 주먹을 휘두르는 깡패일 뿐만 아니라, 겁먹고 상처 입은 아이이기도 하다는 사실을 명확하게 나타내세요. 운동장 한복판에서 즉시, 또는 나중에 싸우자고 하세요. 그다음 무슨 일이 일어나는지 지켜보세요.

행사장 플레이

몬스터하트를 행사장에서 플레이한다면, 세션 중간에 짧은
휴식시간을 가질 것을 강력하게 권유합니다. 사람들에게
기지개도 켜고 물도 마시는 등 필요한 일을 하도록 말하세요.
모두 테이블로 돌아오면, 다 함께 몇 분 정도 점검하세요.
현재 게임이 진행되는 방향에 만족하는지, 그리고 이야기
속에서 곧 일어날 듯한 문제나 사건 중에서 무언가 꺼림칙한
게 있는지 물어보세요. 지금은 서로 가진 기대를 명확하게
하고, 무언가를 바꾸고, 필요하다면 이야기를 조금 되돌릴
수도 있는 좋은 시간입니다. 때로는 플레이어들은 행사장에서
맨 처음 RPG를 접하기도 합니다. 그러므로 세션이 어떻게
진행되고 있는지 잠시 점검을 하는 것은 매우 중요합니다.

경험과 성장은 무척 흥미진진한 부분이지만, 단편 플레이에서
언제나 빛을 발하지는 않습니다. 그러므로 행사장에서 단편
플레이를 할 때는, 휴식 시간을 이용해 말하세요. "다시
플레이로 돌아가기 전에, 모두 자유롭게 성장을 한 번씩
하세요. 어떤 성장을 할지 골랐으면, 무엇을 선택했는지
모두한테 알려주세요."

106

플레이어들은 비록 장면에서 경험점을 얻지 않았더라도, 자유
성장 덕분에 자신의 캐릭터가 확실하게 성장하고 바뀌는
모습을 볼 수 있습니다. 간단하지만 훌륭한 보너스이며,
규칙이 어떻게 돌아가는지 플레이어들에게 좀 더 보여줄
기회이기도 합니다.

커다란 클라이맥스

세션이 진행되는 동안 장면에서는 느슨한 맥락과 주목할 만한 복선이 생깁니다. MC는 어떤 부분을 계속 이어나갈지 결정한 다음 자세히 파헤치는 큐레이터 역할을 하곤 합니다. 어떤 MC는 행동이 일어나는 대로 흐름을 따르면서 각 장면이 어디서 어떻게 일어날지 다른 플레이어들로부터 많은 의견을 받습니다. 또 다른 MC는 좀 더 가차 없이 직접 이야기를 이끌어서 연이어 벌어지는 폭발적인 드라마의 순간으로 곧장 이끕니다. 저는 두 지점 사이에서 균형을 찾는 편이지만, 결국 여러분이 어떤 유형의 MC를 선호하는지에 달렸습니다. 장면을 어떻게 짤지 좀 더 조언을 얻고 싶다면, p.13을 다시 읽으세요.

보통, 이야기는 클라이맥스에서 하나로 겹치는 일련의 갈등을 향해 유기적으로 만들어집니다. 여러분은 MC로서 모든 것이 적시에 하나로 맞아떨어지도록 여기저기를 쿡쿡 찔러주기만 하면 됩니다. 인간은 마침내 용기를 내 여왕에게 사랑을 고백하지만, 여왕은 다른 걱정거리가 있습니다: 숭배자들이 막 늑대인간을 납치한 다음, 숲속에서 모닥불을 피우고 인신 공양을 준비하고 있기 때문입니다. 이런 식이지요.

장면을 짜는 권한은 MC의 몫이므로, 여러분은 이야기의 속도를 어느 정도 빠르게 하거나 늦출 수 있는 능력을 가집니다. 때로 테이블에서는 세션을 언제 끝낼지 모호하게 ("보통 10시에 끝나고, 11시에는 확실히 끝납니다"), 또는 확실하게("이 행사 테이블은 4시에 끝나기로 예정되었어요") 합의가 이루어지곤 합니다. 만약 세션이 이제 거대한 결말로 치달을 준비가 된 것 같다면, 플레이가 끝나는 시점 기준으로 40-45분 정도 남았을 때 마지막 장면을 시작하는 편이 가장 좋습니다. 저는 때때로 마지막 장면이 걷잡을 수 없이 뻗어 나가고, 생각보다 시간이 훨씬 걸려서 놀라곤 합니다. 40-45 분 정도면 충분히 장면을 끝내고 간략하게 대단원에 이를 수 있습니다. 가장 흥미진진한 순간에 플레이어들이 걱정스러운 눈으로 시계를 흘낏 쳐다볼 일은 없을 것입니다.

지도와 플레이 자료

마을은 직접 그려서 눈으로 볼 수 있을 때 비로소 생생하게 느껴집니다. 그저 메모지에 직사각형 몇 개와 구불구불한 선만 긋기만 해도 여러분이 만든 장면의 공간은 훨씬 실감 나고 와닿을 것입니다. 지도 위에 무언가를 그린다면, 이 장면에 새로운 가능성과 제약 조건을 동시에 추가하는 것입니다. 마을 지도는 좌석 배치도와 더불어 훌륭한 시각 보조자료 역할을 합니다. 지도는 간단하게, 전반적인 느낌만 보여주세요. 장면을 짜는데 필요한 정도의 세부사항만 덧붙이세요.

비록 저는 마을 지도를 그리는 편을 강력하게 권장하지만, 제 경험상 마을 지도 외에 학교나 집 같은 장소까지 지도로 만들면 테이블이 어수선해지기 쉽습니다. 어떤 플레이어들은 추가 설정 자료를 만들기 좋아합니다. 그림 그리기 좋아하는 플레이어는 어쩌면 플레이 도중 캐릭터의 모습을 그리기 시작할지도 모릅니다. 또 어떤 플레이어는 세션 중간중간에 지금까지 일어난 사건들을 상세하게 기록할 수도 있습니다. 이렇게 수고하는 플레이어들의 모습을 보면 칭찬하고 격려해 주세요. 그만큼 크게 플레이에 몰입하고 흠뻑 빠져들었다는 증거이기 때문입니다.

세션과 세션 사이에 무언가 창의적인 것을 하고 싶은 열정이 있다면, 마음속에서 깨어난 십 대 괴물의 힘을 어디론가 분출하고 싶다면 다음 두 가지 일을 해 보세요.
✦ 캐릭터의 배역을 선정하세요.
✦ 곡 목록을 만드세요.

캐릭터의 배역을 선정하세요.

여러분의 플레이가 드라마나 영화라면, 플레이어들은 어느 배우에게 자기 주연 캐릭터 역할을 맡길 건가요? 다른 플레이어들에게도 질문을 던지고 일주일 동안 이야기를 나누세요. 여러분은 MC로서 열정을 태울 수 있는 주요한 조연 캐릭터들의 배역을 마음껏 선정하세요. 다음 세션이 열리면, 각자 선정한 배우진을 꺼내세요. 테이블에서 원한다면 플레이를 하는 동안 각 배우의 모습을 시각자료로 쓸 수도 있고, 그냥 잠시 각자 머릿속에 상상할 시간을 가진 다음 치워도 좋습니다.

곡 목록을 만드세요.

여러분 캐릭터는 버스에서 어떤 음악을 흥얼거릴까요? 어떤 어두운 발라드를 들으면서 고통받는 영혼을 달랠까요? 캐릭터의 사랑스러운 부분을 완벽히 포착한 주제곡이 있을까요? 플레이어들에게 각자 자기 캐릭터에게 어울리는 곡 목록을 만들도록 한 번 권유해 보세요. 선택한 음악은 이야기 속에서 캐릭터가 직접 연주할 수도 있고, 캐릭터의 이야기를 장식하는 배경음악이 될 수도 있습니다. 여러분은 MC로서 마을을 묘사할 수 있는 곡 목록을 만드는 데 도전해 보세요.

물론, 위에서 제시한 사항을 반드시 할 필요는 없습니다. 플레이어 대부분은 세션이 끝난 다음에도 게임에 계속 몰입해 있지는 않을 것입니다. 그래도 별문제 없습니다.

이후 세션

몬스터하트는 단편으로 플레이할 수 있지만, 2-5 세션 정도의
짧은 캠페인으로도 즐길 수 있습니다.

두번째, 또는 그 이후 세션을 이어서 할 때, MC는 이야기
속에서 어느 부분을 끄집어 낼지 결정하는 역할을 맡습니다.
다른 플레이어들은 보통 지난 세션이 끝난 바로 그 상황과
순간에서 플레이를 다시 시작할 것이라고 예상할지도
모르지만, MC는 얼마든지 그런 고정관념에 이의를 제기할
수도 있습니다. 다음 날 아침 교실에서 시작 장면을 짤 수도
있고, 이틀을 건너뛰어서 루와 록코의 세번째 데이트로
장면을 옮길 수도 있습니다. 이야기의 흐름과 속도를
생각하세요. 만약 첫 세션에서 엄청난 대결말로 향하는
전개가 펼쳐졌다면, 이야기에 다시 박차를 가하기 전에
속도를 늦추고 일부 이야기를 되돌아보는 장면을 가지는 편이
현명할 수도 있습니다. 직감을 따르세요.

110

일부 이야기 맥락은 세션 내에서 깔끔하게 매듭을 짓지만,
어떤 맥락은 다음 세션까지 계속 이어질 수 있습니다.
이야기가 추진력을 잃고 느려지기 시작할 때마다, 지난
세션에서 느슨하게 흘러온 맥락을 재조명하거나 다시 끌어
내세요. 몬스터하트에는 모든 사람의 삶을 골치 아프게
만들라는 원칙이 있습니다. 그러므로 주연 캐릭터들이 신경
쓰지 않은 상황을 얼마든지 극적으로 바꾸거나 위험할 정도로
불안하게 만들어도 좋습니다. MC를 하면서, 다음 세션으로
넘어간 느슨한 이야기 줄기들을 기억할 수 있도록 충분히
적어 두세요.

몬스터하트의 시즌 규칙은 캠페인이 언제 끝날지 알려주는
타이머 역할을 합니다. p.51-52를 보고 시즌이 어떻게
돌아가는지 다시 떠올리세요.

악역

주연 캐릭터는 괴물이지만, 십 대 청소년이기도 합니다. 괴물과 '진짜' 괴물 사이에는 차이가 있습니다. 진짜 괴물은 사람을 죽입니다. 진짜 괴물은 자신이 사람들을 해친다는 사실에 눈 하나 깜짝하지 않습니다. 진짜 괴물은 원하는 것은 무엇이든 손에 넣습니다. 주연 캐릭터들은 선을 넘을 준비가 되었나요? 선이 존재한다는 사실을 깨닫기나 할까요?

때로 MC는 주연 캐릭터들을 도발하고 자신이 얼마나 용기가 있는지 깨달을 수 있도록 사악한 악역을 등장시킬 수도 있습니다. '흡혈귀 여왕 리디아'처럼 이름부터 내놓을 수도 있고, 늑대인간 폭주족들을 마을로 불러올 수도 있습니다. 만약 요정 캐릭터가 지나치게 심기를 건드렸다면, 요정 왕이 대가를 받아 내기 위해 직접 나타날 수도 있겠지요.

악역은 아껴서 등장시키세요. 악역이 얼마나 잘나고 무서운지 과시하는 것은 인상을 망칠 뿐입니다. 그 대신 주연 캐릭터를 마치 어두운 거울로 비추는 것처럼 악역을 활용하세요. 주연 캐릭터를 유혹하고 손짓하여 자신을 되돌아보도록 만드세요. 하지만 악역은 플레이어들의 관심이 뒷받쳐주어야 활용할 수 있다는 사항을 고려하세요. 플레이어들이 악역을 무시한다면, 얼른 눈치를 채고 이야기 바깥으로 치우세요. 플레이어들이 신이 나서 뛰어든다면 하나의 스토리 아크가 만들어질 것입니다.

이야기에 등장한 악역에 플레이어들이 적극적으로 관심을 보인다면, 그에 따라 대응하세요. 악역에게 동기와 자원을 주세요. 연약한 십 대 주인공들 앞에 달콤한 약속을 제시하세요. 그리고 요구하세요. 각 요구는 이전 요구보다 조금씩 더 사악하게 하세요. 플레이어들의 말과 행동, 선언을 보고 이 악역이 그저 부수적인 이야기의 일부로 그칠 것인지, 이야기 전체를 이끄는 원동력이 될지 힌트를 얻으세요.

만약 악역이 이야기 속에서 비중을 가진다면, 다음 두 가지 사항을 사용해 영감을 얻고 좀 더 체계적으로 악역을 플레이하세요.
+ 악역을 플레이할 때 사용할 커스텀 원칙을 만드세요.
+ 악역이 사용할 커스텀 리액션을 만드세요.

빅은 처음에 그저 반에서 노는 불량배일 뿐이었습니다. 하지만 주연 캐릭터들이 계속 빅과 상호작용을 하면서 빅의 역할도 점점 커졌습니다. 제라드가 빅을 좀 더 알기 위해 **심연을 들여다봤을 때,** MC는 빅이 일종의 악마숭배와 연관이 있다고 세부사항을 정했습니다. 빅은 이야기의 악역으로 점점 떠올랐습니다.

조시는 빅이 특별한 관심을 받을 만한 자격이 있다고 결정했습니다. 지금까지 빅이 저지른 끔찍한 선택을 되돌아보면서, 그리고 앞으로 이야기가 어느 방향으로 흐를 가능성이 있는지 살펴본 다음, 조시는 빅에게 **"항상 가장 약한 연결고리를 노린다"**라는 원칙과 **"예고없이 누군가의 코를 부러뜨린다"**라는 커스텀 액션을 주었습니다.

5장:

스킨

요정

이 세상의 가장자리, 장막 바로 너머에는 대부분의 인간이 상상조차
하지 못한 색채가 넘실댑니다. 보는 이의 심장을 산산조각낼
아름다움이지요. 이곳에는 요정들이 살아 숨 쉽니다. 요정들은 만약을
대비해 항상 약간의 마법을 준비해두고 다닙니다.

요정은 기꺼이 나누어주려 합니다. 요정에게서 관대함을 빼면
아무것도 남지 않거든요. 단지 대가로 한 가지를 요구할 뿐입니다. 바로
약속입니다. 지키세요. 세상의 참된 아름다움이 여러분 눈앞에 드러낼
테니. 그러나 약속을 깬다면, 복수심에 불타는 요정의 분노를 맛볼
것입니다.

요정 플레이하기

매혹적이고, 비현실적이며, 변덕스럽고, 복수심에 불탑니다. 요정은 사람들에게 약속하도록 유혹하고, 약속을 깨뜨리는 자에게 요정의 분노를 휘두릅니다. 또한, 요정은 장막 바로 너머에 있는 바깥세상의 존재들과 교감을 나눌 수 있습니다.

요정은 아름답고 신비하거나(**열정 2, 어둠 1**), 대담하고 기이한(**충동 2, 열정 1**) 방향으로 능력치를 선택할 수 있습니다. 어느 쪽으로든 요정은 **냉정**이 낮기 때문에 쌀쌀맞고, 냉소적이며, 빈정거리는 캐릭터가 될 확률은 낮습니다. 스스럼없이 관능적인 유혹을 펼칠 때도, 확고한 정의감을 불태울 때도, 요정은 언제나 진실함을 중요하게 여깁니다..

요정을 플레이할 때, 약속은 무척 중요합니다. 요정의 매력과 재치로 다른 캐릭터를 애가 타게 해서 약속을 하도록 만드세요. 끈을 사용해 **여러분이 원하는 일을 하도록 유혹하거나,** 꾀어내기 액션을 사용해서 다른 캐릭터에게 약속을 맺을 때 규칙상 이점을 제공할 수도 있습니다. 다른 캐릭터가 요정에게 한 약속을 캐릭터 시트 여백이나 메모지에 기록하세요.

장막 너머나 **인도자** 같은 액션을 사용하거나, **요정 배심원단**에 들어가기로 선택하고 요정의 법이 어떤 모습일지 이야기를 나누면서 다 함께 요정의 세계를 상상하세요. MC에게 질문 하면 MC도 여러분에게 질문할 것입니다. 그 과정에서 만들어지는 놀라운 결과에 대비하세요.

정체성

이름: 엔더스, 오로라, 크로우, 게일, 하모니, 아이리스, 릴리스, 핑, 셀레네, 시에나, 월터스

겉모습: 앙증맞음, 애교있음, 수척함, 신비함, 단정치 못함

눈: 기민한 눈, 열정적인 눈, 홀리는 듯한 눈, 웃는 눈, 꿰뚫는 듯한 눈

기원: 요정 태생, 요정 혈통, 태어날 때 바꿔치기, 은총을 받음, 은총을 훔침

캐릭터 배경

여러분은 감정을 노골적으로 드러냅니다. 모두에게 끈을 1점씩 줍니다.

여러분은 누군가의 마음을 사로잡았습니다. 상대에게 끈을 2점 받습니다.

능력치

둘 중 선택:
✦ **열정 2, 냉정 -1, 충동 -1, 어둠 1**
✦ **열정 1, 냉정 -1, 충동 2, 어둠 -1**

어두운 자아

입에서 나오는 말, 귀에 들리는 말 하나하나가 마치 약속처럼 느껴집니다. 약속이 깨지면 속임수로, 또는 피로 정의를 구현해야 할 것입니다. 여러분은 인간의 자비에 구애받지 않습니다. 어두운 자아를 벗어나려면, 어떤 방법으로든 반드시 여러분이 가진 정의의 기준을 다시 조정해야 할 것입니다.

성장

○ 능력치 중 하나를 +1 추가합니다.
○ 다른 요정 액션을 하나 얻습니다.
○ 다른 요정 액션을 하나 얻습니다.
○ 아무 스킨 액션을 하나 얻습니다.
○ 아무 스킨 액션을 하나 얻습니다.
○ **요정의 배심원단**에 들어갑니다.

섹스 액션

누군가와 벌거벗고 누우면, 상대에게 약속 한 가지를 요구할 수 있습니다. 상대가 거절하면, 상대는 여러분에게 끈 2점을 줍니다.

요정 액션

요정은 **요정의 계약**을 얻으며, 다른 액션을 한 가지 더 선택합니다:

● 요정의 계약

누군가 여러분과 맺은 약속이나 계약을 어기면, 상대에게 끈 1
점을 받습니다. 약속을 깬 대가를 받거나 정의를 구현하기 위해 이
끈을 사용한다면, **끈 잡아당기기**에 다음 선택지를 추가하세요.
   ✦ 상대는 중요한 순간에 무언가 간단한 것을 망칩니다.
      이야기에 적합하다면 피해 1점도 받습니다.
   ✦ 복수를 위해 행동을 할 때 판정에 +2 보너스를 받습니다.

○ 뻔뻔함

상대에게 끈 1점을 주고 **흥분시키기** 판정에 +3 보너스를 받을 수
있습니다.

○ 와일드 헌트

내면의 거친 야만성을 끄집어내어 마치 고양이의 유연한
움직임이나 늑대의 탐욕스러움을 연상케 하는 모습으로
흥분시키기 판정을 하면, 판정에 +1 보너스를 받습니다.

○ 꾀어내기

누군가 여러분에게 약속할 때, 상대는 경험치를 받습니다. 상대가
그 약속을 깰 때, 여러분은 경험치를 받습니다.

○ 인도자

장막 너머 요정의 왕국으로 갈 때, 함께 가기 원하는 상대에게
끈 1점을 사용하고 데려갈 수 있습니다. 이 주문은 한 두 장면
정도 이어지며, 지속시간이 끝난 후 양쪽 모두 인간 세상으로
되돌아옵니다.

○ 장막 너머

요정왕과 접견을 하려면, **심연 들여다보기** 판정을 하세요.
10 이상이면 요정왕이 기존 판정 결과와 더불어 여러분이
누군가에게 비밀스럽게 끈 1점을 가지고 있다고 알려줍니다.
끈을 받으세요. 7-9면, 요정왕이 기존 판정 결과와 더불어 요구를
한 가지 합니다.

유령

한때 여러분에게는 미래가 있었습니다. 성장 과정은 때로 고통스럽고 혼란했지만, 최소한 여러분은 자라고 있었습니다. 하지만 이제 여러분에게는 오직 과거만이 있습니다. 이 세상을 떠나기 전 매듭지어야 할 일만을 남겨놓고서.

삶은 소중합니다. 여러분은 그 사실을 깨달았습니다. 이제 여러분은 삶을 잃었습니다. 이제는 그저 누군가를 돕기를 원할 뿐입니다. 그저 누군가 당신을 봐 주길 원할 뿐입니다. 하지만 때로는 가장 간단한 소원조차도 이루기가 어렵습니다.

당신은 유령이고, 죽었습니다.

유령 플레이하기

외롭고, 상처받았으며, 헌신적이고, 오싹합니다. 유령은 극심한 트라우마를 겪었으며, 이제는 누군가에게 인정받고, 누군가와 가까워지고 싶어 합니다. 유령은 다른 사람을 보살펴주고 치료해 줄 잠재력을 지녔지만, 물리적인 경계, 그리고 개인적인 경계를 무시하는 경향도 있습니다.

유령은 차갑고 동떨어졌거나(**냉정 2, 어둠 1**), 무섭고 변덕스러운(**어둠 2, 충동 1**) 방향으로 능력치를 선택할 수 있습니다. 유령은 결국 도움을 간절히 바라면서 자신이 가장 아끼는 사람을 밀쳐내거나, 남을 돕기 위해 자신을 불태우는 결말을 맞이할지도 모릅니다.

게임이 시작할 때, 유령은 **열정**이 낮기 때문에 **흥분시키기**에 능숙하지 못합니다. 이 부분이 바로 유령의 가장 중요한 고민거리입니다: 사회적인 힘이 없는 상태에서 어떻게 자신에게 필요한 관심과 정서적 지원을 얻을 수 있을까요? 어쩌면 보답을 바라면서 끊임없이 무언가를 베풀지도 모릅니다. **친절한 영혼**과 **전이**는 유령을 이런 방향으로 이끄는 액션입니다. 어쩌면 반대로 자신은 처음부터 관심을 받을 가치조차 없다고 생각하면서 악의를 품고 심술궂게 행동할지도 모르지요. 이런 유령은 자신이 잃은 무언가를 떠올리게 만드는 사람에게 **극복하지 못한 트라우마**와 **책임 전가하기**로 화풀이를 합니다. **소름 끼치는 놈**과 **경계 없음**은 관음적인 요소를 추가하여 유령이 남들의 경계를 무시할 수 있게 만드는 액션입니다. 각 액션 사이의 상호작용 속에 역시 수많은 가능성이 만들어질 것입니다.

정체성

이름: 알라스터, 아비라, 캐서린, 다니엘, 카라, 레노라, 오빌, 루퍼스, 스펜서, 티엔

겉모습: 쓸쓸해 보임, 겁먹음, 고루해 보임, 위화감이 듦, 음울함

눈: 텅 빈 눈, 고통받는 눈, 흐리멍덩한 눈, 불안한 눈, 꿰뚫는 듯한 눈

기원: 버려져서 죽음, 냉혹하게 살해당함, 홧김에 살해당함, 비극적인 사고, 혼란스러운 죽음

캐릭터 배경

여러분이 죽었다는 사실을 알고, 어떻게 죽었는지도 아는 사람이 있습니다. 상대는 여러분에게 끈 2점을 받습니다.

여러분은 누군가의 침실로 들어가 상대가 자는 모습을 보았습니다. 여러분은 상대에게 끈 1점을 받습니다.

능력치

둘 중 선택:
+ **열정 -1, 냉정 2, 충동 -1, 어둠 1**
+ **열정 -1, 냉정 -1, 충동 1, 어둠 2**

어두운 자아

모습도, 기척도 모두 사라집니다. 누구도 여러분을 보고, 듣고, 느낄 수 없습니다. 여러분은 여전히 살아있지 않은 물체를 움직일 수 있지만, 그 밖의 다른 방법으로는 절대 다른 이들과 상호소통을 할 수 없습니다. 어두운 자아를 벗어나려면, 누군가 여러분의 존재를 인정하고, 여러분이 곁에 있기를 얼마나 원하는지 표현해야 합니다.

성장

○ 능력치 중 하나를 +1 추가합니다.
○ 다른 유령 액션을 하나 얻습니다.
○ 다른 유령 액션을 하나 얻습니다.
○ 아무 스킨 액션을 하나 얻습니다.
○ 아무 스킨 액션을 하나 얻습니다.
○ **귀신들린 집**에 거주합니다.

섹스 액션

누군가와 성관계를 맺으면, 양쪽 모두 서로에게 질문을 한 가지씩 할 수 있습니다. 이 질문은 캐릭터 연기로, 또는 플레이어 사이 대화로 물어볼 수 있습니다. 답변은 반드시 명확하고 정직해야 합니다.

유령 액션

유령은 **극복하지 못한 트라우마**를 얻으며, 다른 액션을 두 가지 더 선택합니다:

● 극복하지 못한 트라우마

어떠한 이유로든 자신이 죽었다는 사실을 떠올릴 때마다, 목이 메면서 **충격** 상태를 받습니다. 누군가 상태를 해소하도록 여러분을 돕는다면, 둘 다 경험치를 받습니다.

○ 친절한 영혼

다른 사람의 상태를 해소하도록 돕는다면, 상대에게 끈 1점을 받습니다.

○ 전이

시간을 들여서 다른 사람의 괴로움을 진심으로 귀 기울여 듣는다면, 상대는 피해 1점을 치료한 다음, 남은 자신의 피해를 여러분에게 옮깁니다.

○ 책임 전가하기

충격 상태를 유지하는 동안, 다른 사람들에게 **내 죽음은 네 탓이야** 상태를 준 것처럼 행동할 수 있습니다.

○ 소름 끼치는 놈

잘 때나 화장할 때처럼 상대가 개인적인 시간을 보내는 순간에 은밀하게 엿보면, 상대에게 끈 1점을 받습니다.

○ 경계 없음

벽을 통과하고 하늘을 날 수 있습니다.

구울

죽음이 여러분을 바꾸어 버렸습니다. 평온한 마음의 즐거움을 앗아가고, 감각을 무디게 하고, 채울 수 없는 굶주림만 남겼습니다. 굶주림은 언제나 여러분과 함께합니다. 마치 귓가에 울리는 콧노래가 부풀어 오르듯 점점 커지면서 다른 모든 소리를 밀어내는 것처럼 말입니다. 굶주림을 방치하면, 여러분은 허기에 사로잡힐 것입니다. 하지만 굶주림을 채우는 것 역시 그만큼 끔찍한 일일 수 있습니다.

분명 아름답게 바뀐 부분도 있습니다. 여러분의 수척한 육신과 비정상적인 형태는 사람들을 끌어들입니다. 삭막할 정도로 무심한 분위기는 묘한 매력을 풍깁니다. 하지만 그 불만스러운 겉모습 아래에는 굶주림, 끝없는 굶주림이 도사리고 있습니다.

구울 플레이하기

강박적이고, 위험하고, 병적이며, 조용합니다. 구울은 내면에 도사린 탐욕스러운 굶주림과 끊임없이 맞서 싸웁니다. 죽음을 겪으며 생긴 정서적인 거리감 덕분에, 구울은 굶주림을 채우기 위해서라면 손쉽게 나쁜 짓을 할 수 있습니다. 구울은 어쩌면 노골적으로 사람을 잡아먹는 좀비일 수도, 혹은 좀 더 알아차리기 힘들고 기이한 존재일 수도 있습니다.

구울은 잔인하고 변덕스럽거나(**충동 2, 냉정 1**), 불만스럽고 음산한 (**냉정 2, 어둠 1**) 방향으로 능력치를 선택할 수 있습니다. 구울은 굶주림을 채우려는 욕구를 피하고자 어쩔 수 없이 **침착하기** 판정을 할 수밖에 없으므로, **냉정**이 자제력을 지키는데 핵심 역할을 할 것입니다.

파수꾼 골렘과 **망자의 충성심**은 구울을 몇 가지 다른 방향으로 이끌 수 있는 능력입니다. 가슴 속에 깊이 뿌리내렸지만, 겉으로 표현하지 않는 따뜻함으로 다른 사람들을 돌봐주나요? 아니면 죽음이 자립심을 앗아간 탓에, 그늘 속에서 남을 섬기나요?

악인에게 짧은 휴식을은 아수라장을 일으킬 수 있는 열쇠입니다. 구울을 새롭고 극적인 상황에 빠뜨리도록 MC를 부르는 초청장이기도 하지요. 몇 시간도 지나지 않아 수많은 일이 벌어질 수 있습니다.

구울은 섹스 액션을 한 다음 새로운 굶주림을 만들어야 합니다. 어떤 굶주림이든 좋습니다. 플레이북에 적은 현재 굶주림 옆에 덧붙이세요. 성관계를 많이 가질수록 구울의 굶주림은 점점 더 폭넓고 기이한 방향으로 계속 자라납니다.

정체성

이름: 아쿠지, 케이지, 콜, 조지아, 호러스, 이기, 마라, 모리건, 사일러스, 샤로나, 빅터, 제드

겉모습: 수척함, 뻣뻣함, 보기 흉함, 무심함, 만신창이

눈: 공허한 눈, 조용한 눈, 타산적인 눈, 냉혹한 눈, 굶주린 눈

기원: 부활, 만들어짐, 방해받음, 거부당함, 어딘가에서 보내짐

캐릭터 배경

죽음이 여러분에게서 영원히 사랑을 앗아갔다고 생각했을 때, 누군가 다시 사랑을 일깨워주었습니다. 상대에게 끈 1점을 줍니다.

누군가 여러분이 죽는 광경을 목격했나요? 그렇다면 상대와 끈 2점을 서로 주고받습니다.

능력치

둘 중 선택:
✦ **열정 -1, 냉정 1, 충동 2, 어둠 -1**
✦ **열정 -1, 냉정 2, 충동 -1, 어둠 1**

어두운 자아

누그러진 줄 알았던 배고픔이 강해집니다. 허기를 채우는 일 밖에는 제대로 집중을 하지 못합니다. 또한, 원래 지닌 특유의 갈망뿐만 아니라, 무언가 다른 것도 느껴집니다. 바로 모든 굶주림의 근원인 태고의 굶주림입니다. 피와 살, 육체 말이지요. 어두운 자아를 벗어나려면, 굶주림을 채우는 탐닉에 빠지거나, 평정을 되찾을 수 있을 만큼 오랜 시간 동안 다른 사람들에게서 떨어져서 고립되어야 합니다.

성장

◯ 능력치 중 하나를 +1 추가합니다.
◯ 다른 구울 액션을 하나 얻습니다.
◯ 다른 구울 액션을 하나 얻습니다.
◯ 아무 스킨 액션을 하나 얻습니다.
◯ 아무 스킨 액션을 하나 얻습니다.
◯ **난폭한 일당**의 일원이 됩니다.

섹스 액션

누군가와 성관계를 맺으면, 새로운 배고픔을 하나 만듭니다.

구울 액션

구울은 **굶주림**을 얻으며, 다른 액션을 두 가지 더 선택합니다:

● **굶주림**
다음 중 한 가지 굶주림을 가집니다(동그라미 치세요): 공포, 힘, 약탈, 전율

앞뒤 보지 않고 굶주림을 채우려고 행동하면, 판정에 +1 보너스를 받습니다. 굶주림을 채울 절호의 기회를 무시하면, **침착하기** 판정을 합니다.

○ **오른손이 원하는 것**
여러분의 육체에는 수많은 역사의 흔적이 남아있으며, 수많은 욕망이 서려있습니다. 굶주림을 하나 더 만듭니다.

○ **포만**
굶주림 중 하나를 채웠을 때, 다음 중 선택합니다:
✦ 피해를 1점 치료합니다.
✦ 경험치를 받습니다.
✦ **다음 번 보너스**를 받습니다.

○ **악인에게 짧은 휴식을**
죽으면, 잠시 기다리세요. 몇 시간 후에는 완전히 회복한 채로 깨어납니다.

○ **파수꾼 골렘**
자신이 보호받는다는 사실을 알지도 못하는 누군가를 지킬 때, 경험치를 받습니다.

○ **종말**
여러분은 자신이 어떻게 죽었는지 하나하나 모두 기억합니다. 여러분이 자기 죽음을 누군가에게 이야기할 때마다, 상대에게 **죽음에 매혹되다** 상태를 주고 **냉정**으로 **흥분시키기** 판정을 합니다.

○ **망자의 충성심**
심연 들여다보기를 할 때, 심연은 여러분에게 자신의 굶주림을 나누어줍니다. 여러분은 심연이 준 굶주림을 자기 것으로 간주하며, 허기를 충족시킬 때까지 유지합니다. 허기를 충족시키면, 경험치를 받습니다.

공허

그들은 무에서 유를 창조하려 했습니다. 성공했는지, 실패했는지는
확실하지 않습니다. 보시다시피, 무와 유 사이에는 수많은 회색지대가
존재한다는 사실이 드러났습니다.

여러분은 살아있지만, 진짜 삶을 살지는 않습니다. 영혼이 빠져 있기
때문입니다. 유년 시절의 기억은 존재하지 않습니다. 그런 시절
자체가 없으니까요. 부모도 없습니다. 오직 창조자만 있을 뿐입니다.
그 창조자는 여러분에게 이 세상에서 살아갈 자리를 주는 것을
잊어버렸습니다.

공허 플레이하기

불확실하고, 불안정하고, 감수성이 예민하며, 어찌할 줄을 모릅니다. 공허는 과거가 없으며, 미래를 상상하기 힘겨워합니다. 공허는 존재의 위기를 겪고 있으며, 진짜 삶을 사는 존재가 아니기 때문에 오직 주변 사람들에게서만 해답을 찾을 수 있습니다.

공허는 아름다운 수수께끼가 되거나(**충동 1, 어둠 2**), 변덕스러운 부적응자가 되는(**충동 2, 어둠 1**) 방향으로 능력치를 선택할 수 있습니다. 공허는 **냉정**이 낮기 때문에, 자기 공포를 마주하거나 남들에게 맞서기 어려워합니다.

공허는 자존감을 간절히 얻기 바라며, 정체성을 형성하는 데 도움이 될지도 모르는 어떠한 꼬리표든 환영하기 때문에 공허가 가진 여러 액션은 상태를 중심으로 다룹니다.

공허는 **기이한 인상**을 사용해서 선택한 상대의 어떠한 스킨 액션도 사용할 수 있습니다. 여러 명을 선택할 수도 있습니다. 이 능력은 상대의 액션을 복제하는 것일 뿐입니다. 선택받은 상대는 공허가 사용한 자신의 능력을 얼마든지 사용할 수 있습니다.

공허가 동시에 두 사람 이상과 성관계를 맺으면, 관계에 참여한 모든 사람이 결과를 적고 동시에 공개합니다. 상대 중 한 명이라도 공허와 같은 대답을 내놓으면, 공허와 그 상대는 경험치를 받습니다.

정체성

이름: 아담, 베이비, 브라이스, 도로시, 에바, 프랭클린, 재뉴어리, 맥스, 닉스, 레이몬드, 서머

겉모습: 티 없이 깔끔함, 단정치 못함, 겁에 질림, 미숙해 보임, 성실해 보임

눈: 은밀한 눈, 영혼없는 눈, 큰 눈, 공허한 눈, 절실해 보이는 눈

기원: 소원의 결과, 실패한 실험, 한 때 장난감, 기억상실, 기계

캐릭터 배경

여러분은 다른 누군가를 보면서 몸짓이나 표정 같은 사회적인 신호를 배웠습니다. 그 와중에 상대의 많은 부분을 알게 되었습니다. 상대에게 끈 2점을 받습니다.

누군가 여러분의 만들어진 과거를 간파하고, 모두 거짓말임을 알아차렸습니다. 상대는 여러분에게 끈 2점을 받습니다.

능력치

둘 중 선택:
✦ **열정** 1, **냉정** -1, **충동** -1, **어둠** 2
✦ **열정** -1, **냉정** -1, **충동** 2, **어둠** 1

어두운 자아

이 육체는 감옥입니다. 여러분이 있어야 할 곳이 아닙니다. 여러분은 육체를 위험에 빠뜨리고, 고통스럽게 만듭니다. 육체가 여러분을 고통스럽게 만든 것처럼 말입니다. 분명 벗어 던질 방법이 있을 것입니다. 창조자를 만나 여러분에게 한 짓에 책임을 물어야 합니다. 어두운 자아를 벗어나려면, 여러분 자신보다 더욱 잘못된 육체에 갇혀 있다고 느끼는 누군가를 만나야 합니다.

성장

◯ 능력치 중 하나를 +1 추가합니다.
◯ 다른 공허 액션을 하나 얻습니다.
◯ 다른 공허 액션을 하나 얻습니다.
◯ 아무 스킨 액션을 하나 얻습니다.
◯ 아무 스킨 액션을 하나 얻습니다.
◯ **공허 형제자매**를 만납니다.

섹스 액션

누군가와 성관계를 맺으면, 양쪽 플레이어는 이 관계가 자기 캐릭터에게 당황스러웠는지, 아니면 편안했는지 비밀리에 적습니다. 대답을 공개해서 양쪽 모두 똑같은 대답이었으면, 둘 다 경험치를 받습니다.

공허 액션
액션을 두 가지 선택합니다:

○ *아무것도 아닌 것보다는 나아*
상태를 받을 때마다 경험치도 받습니다.

○ *빈 캔버스*
여러분에게 붙은 상태의 이름에 따라 행동해서 자아를 상태에
맞춰 바꾸었다면, 그 상태를 지우고 판정에 +1 보너스를 받습니다.

○ *다음 번에는 더 열심히*
실패를 겪으면, 그와 어울리는 상태를 하나 받고 **다음 번 보너스**를
받습니다.

○ *가짜*
거짓말을 하는 동안 모든 판정에 +1 보너스를 받습니다.

○ *탈바꿈*
심연 들여다보기 판정을 할 때, 7 이상이 나오면 심연은 여러분이
어떤 존재가 되어야 하는지도 같이 보여줍니다. 여러분은 능력치
둘을 서로 영구히 바꿀 수 있습니다.

○ *기이한 인상*
주연 캐릭터 중 누군가 여러분을 해치거나 회복하도록 돕는다면,
상대를 빤히 보면서 관찰할 수 있습니다. 관찰한 다음에는 상대의
스킨 액션 중 하나를 일시적으로 얻어 캐릭터 시트에 적습니다. 이
액션은 한 번 사용한 다음 사라집니다.

지옥의 사자

처음에는 아무런 해도 없어 보였습니다. 여러분에게 좋은 것을 주고, 스스로가 더욱 나은 존재인 양 느끼게 해 주었지요. 여러분은 골치 아픈 문제를 안은 채 그것을 만났습니다. 그리고 문제를 고쳤습니다. 어떻게 은혜를 갚을지 물어봤을 때, 그것은 참고 기다리라고 말했습니다. 머지않아 모든 빚이 해결될 것이라고 말입니다. 그것이 처음 '빚'을 언급한 때였습니다.

여러분은 사탄을 조언자로 두고 마귀를 머릿속에 들였습니다. 어쩌면 여러분만을 위한 별이 반짝이는 것일지도 모릅니다. 어느 쪽이든, 여러분은 감당하지 못할 만큼 크고 무서운 빚을 졌습니다.

지옥의 사자 플레이하기

유혹에 능하며, 충동적이고, 감당할 수 없는 일을 합니다. 지옥의 사자는 대가를 확정 짓지 않은 채 자신에게 원하는 것을 제공하는 사악한 후견인을 두었습니다. 지옥의 사자는 유혹과 중독, 의존이라는 주제를 가지고 플레이합니다.

지옥의 사자는 어둠의 권세와 거래를 하면서 점점 강력해질 수 있지만, 그 결과 피할 수 없는 파국을 맞이합니다. 이 파국은 도망쳐야 하는 형벌이라기보다는 캐릭터의 이야기에서 다가올 극적 절정이라고 할 수 있습니다. 지옥의 사자를 플레이할 때는 주저하지 말고 다섯 번째 영혼의 빚을 지세요. 안전하게 플레이하려 들지도 마세요. 지옥의 사자는 힘과 무력함 사이에서 혼란스럽게 오갈 때 가장 재미있습니다.

어둠의 모집자 액션을 사용했을 때, 누군가를 어둠의 권세에 인도한다는 것이 어떤 의미인지는 테이블의 해석과 맥락에 달렸습니다. 어쩌면 인신 공양일 수도 있고, 그저 카페에서 만나는 것일지도 모릅니다.

계약 중에서 **따라오는 조건**은 마녀나 램프의 요정 이야기에서 나오는 "소원을 빌 때는 조심하세요" 유형의 역할을 합니다. 이 **계약**을 선택한다면 이따금 발생하는 비극적 역설 때문에 뼈저린 결과를 치르고 싶다고 MC에게 요청하는 것이나 다름없습니다.

정체성

이름: 바론, 카인, 클로에, 데이언, 로건, 마크, 미카, 오마르, 오필리아, 포, 요안나

겉모습: 조용함, 광기 어림, 앙심에 참, 버릇없어 보임, 겁먹음

눈: 공허한 눈, 계산적인 눈, 타오르는 눈, 깜빡이는 눈, 꿰뚫는 듯한 눈

기원: 영혼을 바침, 마지막 기회, 사절로 보내짐, 군단의 일원, 하인, 선택받음

캐릭터 배경

여러분은 빚을 졌습니다. 끈 3점을 어둠의 권세와 다른 캐릭터들 사이에 나누어 주세요.

누군가 여러분을 구원할 수 있다고 생각합니다. 상대에게 끈 1점을 받습니다.

능력치

둘 중 선택:
✦ **열정** -1, **냉정** -1, **충동** 2, **어둠** 1
✦ **열정** 1, **냉정** -1, **충동** -1, **어둠** 2

어두운 자아

몸은 벌벌 떨리고, 자신감은 바닥에 떨어지고, 외로운 느낌이 듭니다. 어둠의 권세가 무언가 벅차고, 한도가 없는 요구를 할 것입니다. 매번 요구를 들어줄 때마다 점점 더 완전해지는 느낌이 들며, 어둠의 권세에 준 끈을 하나씩 제거합니다. 어두운 자아를 벗어나려면, 어둠의 권세에 준 끈이 모두 없어지거나 더욱 무서운 존재와 계약을 맺어야 합니다.

성장

○ 능력치 중 하나를 +1 추가합니다.
○ 다른 지옥의 사자 액션을 하나 얻습니다.
○ 남은 계약 중 하나를 얻습니다.
○ 아무 스킨 액션을 하나 얻습니다.
○ 아무 스킨 액션을 하나 얻습니다.
○ **집요하게 달라붙는 마귀**들의 욕구를 채워주기 시작합니다.

섹스 액션

성관계를 맺으면, 어둠의 권세는 여러분에게 가진 끈 1점을 잃어버리는 대신 성관계를 맺은 상대에게 끈 1점을 받습니다.

지옥의 사자 액션

지옥의 사자는 **영혼의 빚**을 얻으며, 다른 액션을 한 가지 더 선택합니다:

● 영혼의 빚

여러분은 어둠의 권세에 빚을 집니다. 무슨 빚을 졌는지 정하고, 어둠의 권세와 맺은 계약 두 가지를 선택합니다.

어둠의 권세는 여러분에게 끈을 받을 수 있습니다. 끈 5 점을 받으면, **어두운 자아**를 발동합니다.

○ 어둠의 모집자

순수한 영혼을 어둠의 권세에 데려가면, 경험치를 받습니다.

○ 압박

누군가 여러분에게 끈 3점 이상을 가지면, 여러분은 상대가 요구한 일을 할 때 판정에 +1 보너스를 받습니다.

○ 나 자신을 구할 수 없어

누군가 여러분을 혼자 감당하기에는 너무 강력한 존재나 세력으로부터 구해줬을 때, 상대는 경험치를 받으며, 여러분은 상대에게 끈 1점을 받습니다.

계약

어둠의 권세와 맺은 계약 두 가지를 선택합니다:

○ 몸속에 흘러넘치는 힘

어둠의 권세에 끈 1점을 주고 다음 번 판정에 +2 보너스를 받습니다.

○ 감각 없애기

어둠의 권세에 끈 1점을 주고 상태 하나, 또는 피해 2점까지를 제거할 수 있습니다.

○ 선택하지 않았던 힘

어둠의 권세에 끈 1점을 주고 자신이 가지지 않은 액션 하나를 한 번 사용할 수 있습니다. 어느 스킨의 액션이든 사용 가능합니다.

○ 기이한 목소리

어둠의 권세에 끈 1점을 주고 누군가의 비밀 하나를 캘 수 있습니다. 상대 플레이어는 자기 캐릭터가 비밀리에 두려워하는 것, 비밀리에 원하는 것, 비밀리에 가진 힘 중 하나를 밝힙니다. (상대 플레이어가 선택합니다)

○ 따라오는 조건

어둠의 권세에 자신이 정말로, 정말로 원하는 소원 하나를 빌 수 있습니다. MC는 소원을 성취하기 위해 치러야 하는 대가를 내걸고, 소원이 성취될 때 여러분이 바라지 않는 반전 하나가 따를 것을 암시합니다. 대가를 치르면, 원하는 소원을 이룰 수 있습니다.

인간

누구도 이해하지 못할 것입니다. 여러분이 이곳, 이 어둡고 은밀한
장소에서 무엇을 얻었는지를. 그것은 무척 아름답습니다. 사람들은 그런
종류의 아름다움은 위험하다고 경고했습니다. 마치 타오르는 불꽃처럼
말입니다. 글쎄요, 어떤 것은 불에 데일만한 가치가 있습니다.

사랑은 모든 희망의 빛을 가리고, 여러분은 비로소 어둠 속에서
아름다워집니다.

인간 플레이하기

연약하고, 주변을 끌어들이며, 아름답습니다. 다른 사람들은 상대에게 끈을 줄 때 그만큼 자신의 통제력을 잃어버리지만, 여러분은 오히려 상대와 공생하게 됩니다. 여러분은 줄수록 더욱 힘을 얻습니다. 인간은 상호의존과 힘의 불균형, 간절한 열망을 파헤치는 스킨입니다.

인간이 선택할 수 있는 능력치는 둘 다 **열정**이 2입니다. 그만큼 호감이 가고 특별하니까요. 두 능력치는 여러분이 충동적이며 겁이 많은지(**충동** 1), 혹은 음울하고 외로운지(**어둠** 1)에 따라 달라집니다.

진정한 사랑은 현재 여러분의 세상에서 누가 가장 중요한지를 결정합니다. 반드시 연인으로 정한 상대와 특정한 관계일 필요는 없습니다.

인간의 섹스 액션은 큰 단점처럼 보이지만, 희생자가 될수록 더욱 영향력을 행사할 수 있다는 사실을 명심하세요. 은밀한 순간이 지난 후 연인이 갑자기 이상해지고, 무서워지거나, 여러분에게 적대적인 행동을 한다면 **연민은 나의 무기요, 변명은 나의 갑옷이라, 토끼굴 파고들기** 같은 액션을 사용하기에 완벽한 기회입니다.

정체성

이름: 앤, 카라, 디어드리, 제임스, 조너선, 레일리, 패트릭, 로빈, 쉔, 티머시, 웬디

겉모습: 조용함, 자포자기함, 어수룩함, 아름다움, 동떨어져 보임

눈: 순한 눈, 슬픈 눈, 기민한 눈, 신경질적인 눈, 인간적인 눈

기원: 새 전학생, 옆집 아이, 모두의 상담사, 누군가의 여자친구, 누군가의 남자친구, 별 볼 일 없음

캐릭터 배경

인간은 캐릭터 배경을 맨 마지막으로 선언합니다.

캐릭터 중 하나를 연인으로 정하세요. 상대에게 끈 3점을 주고, 끈 1점을 받습니다.

능력치

둘 중 선택:
- ✦ **열정** 2, **냉정** -1, **충동** -1, **어둠** 1
- ✦ **열정** 2, **냉정** -1, **충동** 1, **어둠** -1

어두운 자아

아무도 여러분을 이해하지 못합니다. 시도조차 하지 않았습니다. 사랑하는 사람들을 위해 그토록 많은 것을 해주었는데, 그들은 여러분을 함부로 대하고, 깔봤습니다. 더는 참을 수 없습니다! 이제 등을 돌리세요. 방치하는 것이 어떤 의미인지 보여주세요. 그들의 괴물성을 드러내고, 여러분의 괴물성도 드러내세요. 여러분은 자신 때문에 연인이 고통받는 모습을 보아야만 어두운 자아에서 벗어날 수 있습니다.

성장

- ○ 능력치 중 하나를 +1 추가합니다.
- ○ 다른 인간 액션을 하나 얻습니다.
- ○ 다른 인간 액션을 하나 얻습니다.
- ○ 아무 스킨 액션을 하나 얻습니다.
- ○ 아무 스킨 액션을 하나 얻습니다.
- ○ 아무 스킨 액션을 하나 얻습니다.

섹스 액션

상대와 성관계를 맺으면, 상대는 자기 내면에 깃든 사악한 무언가에 눈을 뜹니다. 다음번에 여러분이 상대에게서 눈을 뗄 때면, 상대는 어두운 자아를 발동합니다.

인간 액션

인간은 **진정한 사랑**을 얻으며, 다른 액션을 두 가지 더 선택합니다:

● *진정한 사랑*

여러분은 언제나 꼭 연인 한 명을 얻습니다. 첫 연인은 캐릭터 배경을 정할 때 선택합니다. 여러분이 다른 사람과 사랑에 빠지면, 그 사람은 새로운 연인이 되며 여러분은 새 연인에게 끈 1점을 줍니다. 여러분은 연인의 마음을 사거나 욕망을 불러일으키는 일을 할 때 항상 판정에 +1 보너스를 받습니다.

○ *나를 건드리면, 그 사람을 건드리는 거야.*

연인의 이름을 들먹이면서 위협을 하면, **닥치게 하기**나 **침착하기** 판정에 +2 보너스를 받습니다. 연인은 여러분에게 끈 1점을 받습니다.

○ *마음속에 파고들기*

누군가와 주고받는 끈이 총 5점 이상이면, 상대에게 맞서는 모든 판정에 +1 보너스를 받습니다.

○ *연민은 나의 무기요*

누군가 자신을 다치게 한 사람을 상대의 본성을 이유로 들어 용서할 때마다, 상대에게 끈 1점을 받습니다.

○ *변명은 나의 갑옷이라*

연인이 가진 뻔한 문제를 외면하거나, 자신을 대하는 태도에 문제가 있다는 사실을 무시할 때 경험치를 받습니다.

○ *악순환*

심연 들여다보기 판정을 할 때, 스스로 피해 1점을 얻는 대가로 판정에 +2 보너스를 받을 수 있습니다.

○ *토끼굴 파고들기*

여러분 같은 사람이 끼어들 문제가 아님에도 불구하고 참견할 때, 그 상황에 관련이 있는 다른 사람은 여러분에게 끈 1점을 받습니다. 여러분은 경험치 1점을 받습니다.

여왕

여러분은 특별한 몸입니다. 왕족 같은 고귀함과 아름다움을 갖추었지요.
이 세상 나머지 하찮은 사람들보다 더욱 대접받을 가치가 있습니다.
주변 사람들의 마음을 사고, 숭배받을 자격이 있습니다.

그저 여러분이 더 잘났기 때문만은 아닙니다. 여러분이 사람들을 잘나게
만들어 주기 때문입니다. 더욱 강하고, 아름답고, 완벽하게. 그들은
여러분 없이는 아무것도 아닙니다.

여왕 플레이하기

인기 많고, 위험하고, 고약하고, 위엄 있습니다. 여왕은 자신을 받드는 강력한 패거리를 가집니다. 여왕이 힘을 유지하려면 충성심과 통제력이 가장 중요하지만, 파벌 내에 있는 사람들은 모두 저마다 자신만의 필요와 욕망을 지닌 채 남들과 다툽니다.

여왕은 매력적이고 위엄이 넘치거나(**열정 2, 냉정 1**), 극악무도하고 비밀스러운(**냉정 2, 어둠 1**) 방향으로 능력치를 선택할 수 있습니다. 어느 방향으로든 여왕은 **충동**이 낮기 때문에 자신의 손을 직접 더럽히는데 능하지 않습니다. 싸움이 벌어지면 다른 사람들에게 맡기고 안전한 곳으로 몸을 피하세요.

여왕은 어떤 기원과 액션을 선택하는지에 따라 온전하게 평범한 십 대 청소년이 될 수도 있고, 기이한 우주적 공포가 될 수도 있습니다. 다른 어떠한 스킨보다도 얼마나 초자연적인 존재가 될지 직접 선택할 수 있지요. 여러분은 으스대는 응원단장인가요, 번식을 위해 지구에 온 외계 군체의 어미인가요?

정체성

이름: 버튼, 브리타니, 코델리아, 드레이크, 재클린, 킴볼, 레이먼드, 레예스, 바룬, 베로니카

겉모습: 눈부시게 아름다움, 위압적임, 차가움, 신경질적임, 수다스러움

눈: 계산적인 눈, 매혹적인 눈, 흐리멍덩한 눈, 공허한 눈, 매력적인 눈

기원: 가장 인기 많음, 가장 위험함, 사교 교주, 감염원, 군집 지성 중 첫째

캐릭터 배경

패거리 중 조연 캐릭터 세 명의 이름을 적으세요. 각 캐릭터에게 끈 1점씩 받습니다.

여러분에게 위협적인 존재가 있습니다. 상대와 끈 1점을 주고받습니다.

능력치

둘 중 선택:
✦ **열정 2, 냉정 1, 충동 -1, 어둠 -1**
✦ **열정 -1, 냉정 2, 충동 -1, 어둠 1**

어두운 자아

부하들이 기대를 저버렸습니다. 또다시 말이지요. 모두 부하들 탓입니다. 왜 부하들의 바보짓 때문에 여러분이 피해를 받아야 하나요? 여러분은 이들을 본보기로 삼아야 합니다. 잔인하고, 절대 흔들리지 않는 본보기 말입니다. 여러분은 자신보다 더욱 가치 있는 사람에게 권력 일부를 넘기거나, 자신의 힘을 증명하기 위해 무고한 사람을 짓밟으면 어두운 자아를 벗어날 수 있습니다.

성장

○ 능력치 중 하나를 +1 추가합니다.
○ 다른 여왕 액션을 하나 얻습니다.
○ 다른 여왕 액션을 하나 얻습니다.
○ 아무 스킨 액션을 하나 얻습니다.
○ 아무 스킨 액션을 하나 얻습니다.
○ **패거리**를 하나 더 갖습니다. 무리의 세부사항을 정하세요.

섹스 액션

상대와 성관계를 맺으면, 상대는 **걔네 중 하나**라는 상태를 받습니다. 이 상태가 유지되는 동안 상대는 무리 부하로 간주합니다.

여왕 액션

여왕은 패거리를 얻으며, 다른 액션을 한 가지 더 선택합니다:

● *패거리*
여러분은 이 근처에서 가장 강하고, 멋지고, 거친 패거리의 우두머리입니다. 패거리는 무리로 간주합니다. 다음 중 무리의 강점 한 가지를 선택하세요:
  ✦ 무장을 갖췄습니다. (총과 진짜로 위험한 물건을 갖췄습니다)
  ✦ 연줄이 좋습니다. (돈과 마약에 연결되어 있습니다)
  ✦ 재능이 있습니다. (밴드나 스포츠팀 활동을 합니다)
  ✦ 사교도입니다. (어둠의 맹세를 하고, 죽음도 불사합니다)

○ *방패*
여러분이 무리 부하들에게 호위를 받을 때, 상대는 여러분에 맞서는 모든 판정에 –1 페널티를 받습니다.

○ *충성심 사기*
여러분은 조연 캐릭터에게 끈 1점을 주고 대신 여러분이 원하는 일을 하도록 유혹할 수 있습니다. MC는 조연 캐릭터가 지금 당장 여러분이 원하는 일을 하려면 어떤 종류의 뇌물이나 위협, 혹은 회유가 필요한지 알려줍니다.

○ *적은 더욱 가까이*
누군가 여러분을 배반하면, 상대에게 끈 1점을 받습니다.

○ *여러 개의 몸*
누군가에게 무리 부하 중 하나를 주겠다고 약속하면, 상대에게 하는 **흥분시키기** 판정에 +2 보너스를 받습니다. 부하 중 하나가 누군가와 성관계를 맺으면, 여왕의 섹스 액션을 발동합니다.

○ *실시간 연결*
여러분은 무리 부하들과 정신적으로 연결되어 있습니다. 여러분은 부하들의 감정과 공포를 항상 느낄 수 있습니다. 특정한 생각을 읽으려 한다면, +1 보너스를 받고 **심연 들여다보기** 판정을 하세요.

흡혈귀

여러분은 영원한 아름다움입니다. 모두가 맛보길 원하지만, 감히 이해할 엄두를 못 내는 어둠입니다. 여러분의 눈동자 속에, 주의 깊게 고른 말 속에, 몸짓 하나하나에 어둠이 담겨 있습니다. 이제 영혼은 없습니다.

어떤 흡혈귀는 그 사실을 한껏 즐기며, 사후 삶을 쾌락과 흡혈로 치장합니다. 또 다른 흡혈귀는 자기 몸속에 잠든 악을 증오하며, 순결하고 고독하게 살아가겠다고 진지하게 다짐합니다. 어느 쪽이든 누군가는 고통받습니다. 선택은 여러분 몫입니다.

흡혈귀 플레이하기

얼음같이 차갑고, 사람을 조종하는데 능하며, 마음을 홀리고, 잔인합니다. 흡혈귀는 마음속에 파고들고 감정을 조종하기를 좋아합니다. 또한, 능숙하게 남의 의지를 무너뜨려서 "허락"을 받습니다.

흡혈귀는 한순간 열정적이고 낭만적으로 다가왔다가 다음 순간 차갑고 심술궂게 등을 돌리는 양면적인 본성을 가집니다. 그러므로 흡혈귀의 초기 능력치는 양쪽 모두 이러한 뜨거움과 차가움을 나타냅니다. 여러분은 어느 방향으로 치우칠지 결정해야 합니다. 매혹적이고 요염한 캐릭터인가요, 거만하고 싸늘한 캐릭터인가요?

흡혈귀의 일부 액션은 무척 위험하고 무섭습니다. 초자연적인 능력 때문이 아니라, 상대의 마음과 친밀함을 교묘하게 착취하고 이용하기 때문입니다. 흡혈귀를 플레이하려면 다른 사람에게 의도적으로 해를 끼쳐야 한다는 사실을 잘 이해해야 합니다. 구원을 찾아 헤매나요? 아니면 어두운 유혹에 굴복하나요? 여러분은 이 플레이의 주연 캐릭터라는 사실을 기억하세요. 단순히 다른 사람을 상처입히는 짓을 넘어서 캐릭터를 성장시키고, 캐릭터의 이야기를 만들어야 합니다. 그렇지 않다면 여러분의 역할이 주인공에서 악당으로 바뀌는 것을 각오하세요. 다른 캐릭터들이 말뚝을 날카롭게 갈기 시작할 테니까요.

정체성

이름: 아만다, 카시우스, 클레이턴, 헬렌, 이사야, 재스민, 종, 루치안, 마르셀, 모라나, 세리나

겉모습: 강렬함, 냉담함, 야수 같음, 울적함, 고풍스러움

눈: 죽은 눈, 욕망을 품은 눈, 짜증스러운 눈, 굶주린 눈, 갈망하는 눈

기원: 새롭게 태어남, 이번 세기에 변함, 아주 오래전 존재임, 군주, 저주받은 피

캐릭터 배경

여러분은 아름답습니다. 모든 캐릭터에게 끈 1점씩 받습니다.

누군가 여러분의 흡혈귀 목숨을 구해주었습니다. 상대는 여러분에게 끈 2점을 받습니다.

능력치

둘 중 선택:
+ **열정 2, 냉정 1, 충동 -1, 어둠 -1**
+ **열정 1, 냉정 2, 충동 -1, 어둠 -1**

어두운 자아

다른 사람들은 여러분의 장기말이자, 노리개입니다. 여러분은 마치 고양이가 쥐를 가지고 놀듯 재미로 사람들을 약하게 만들고 해칩니다. 어쩌면 완전히 쥐어짜서 완전히 말라비틀어지게 만들 수도 있겠지요. 물론 그 전에 천천히 즐겨야겠지만 말입니다... 어두운 자아에서 벗어나려면, 더욱 강력한 존재가 여러분에게 본때를 보여주어야 합니다.

성장

○ 능력치 중 하나를 +1 추가합니다.
○ 다른 흡혈귀 액션을 하나 얻습니다.
○ 다른 흡혈귀 액션을 하나 얻습니다.
○ 아무 스킨 액션을 하나 얻습니다.
○ 아무 스킨 액션을 하나 얻습니다.
○ **흡혈귀 집단**에 들어갑니다.

섹스 액션

여러분이 누군가를 성적으로 거절하면, 상대에게 끈 1점을 받습니다.
여러분이 누군가와 성관계를 맺으면, 상대에게 가진 끈 전부를 잃습니다.

흡혈귀 액션

액션을 두 가지 선택합니다:

○ *초대*
초대받지 않고는 다른 집에 들어갈 수 없습니다. 초대를 받아서
집에 들어가면, 상대에게 끈 1점을 받습니다.

○ *최면*
여러분에게 가진 끈이 없는 상대에게 최면을 걸 수 있습니다.
열정으로 판정하세요. 10 이상이면, 상대는 무엇이
잘못되었는지도 모른 채 여러분이 원하는 대로 정확하게 합니다.
7-9면 최면이 걸리지만, 다음 중 하나를 선택하세요:
  ✦ 상대는 여러분이 자신에게 한 일을 정확히 깨닫습니다.
  ✦ 상대는 시킨 일을 엉망징창으로 수행합니다.
  ✦ 상대는 이성이 불안정해집니다.

○ *얼음처럼 차가운*
닥치게 하기 판정에서 7 이상이 나오면, 선택지에서 하나 더
고릅니다.

○ *흡혈*
여러분은 **흡혈** 대상의 피를 직접 뽑니다. 상대가 처음으로 **흡혈**을
경험한다면, 양쪽 모두 경험치를 받습니다. **흡혈**할 때 다음 중 두
가지를 선택하세요:
  ✦ 여러분은 피해 1점을 치료합니다.
  ✦ 여러분은 **다음 번 보너스**를 받습니다.
  ✦ 상대를 틀림없이 살려 둡니다.

○ *사냥감의 징표*
여러분과 흡혈 대상 사이에는 초자연적인 유대가 생깁니다.
흡혈한 다음부터 상대가 어디 있는지, 혹은 잘 지내는지 알기 위해
심연 들여다보기를 하면, 어둠 능력치가 3인 것처럼 판정합니다.

○ *도망칠 수 없는*
상대에게 가진 끈 1점을 쓰면, 상대가 여러분 앞에서 도망치지
못하도록 명령할 수 있습니다. 상대가 도망치면, 상대에게 끈 2
점을 받습니다.

늑대인간

여러분 주변 사람들은 모두 자신이 맡은 역할을 충실하게 따르면서 조용히 시키는 대로만 합니다. 길들여진 가축입니다. 여러분은 다른 부류입니다. 자신을 가두는 담장을 부숩니다. 여러분은 달밤에 길게 울었고, 화답처럼 들린 또 다른 울음소리를 들었습니다.

이제 변모는 끝났습니다. 여러분이 항상 원해왔던 그대로입니다. 거칠고, 흔들리지 않고, 생생하게 살아있습니다.

늑대인간 플레이하기

공격적이고, 군림하려 들며, 원시적이고, 애욕에 넘칩니다. 늑대인간은 언제나 폭력을 행사할 준비가 되어 있으며, 사회적인 힘은 육체의 지배에서 나온다는 사실을 알고 있습니다. 늑대인간은 텃세가 심하고 위험한 존재이지만, 거칠고 활기찬 모습으로 사람들을 끌어당깁니다. 마지막으로, 늑대인간은 신화와 동물의 측면에도 맞닿아 있습니다: 달빛을 받으며 원초적인 본능에 따라 움직일 때, 늑대인간은 가장 강합니다.

늑대인간의 초기 능력치는 양쪽 다 매력적이면서도 위험한 천성을 부각합니다. 여러분은 늑대인간이 불쾌한 태도로 남의 마음을 아프게 하는 무정한 캐릭터를 지향하는지(**열정 2, 충동 1**), 어디로 튈지 몰라 다가가기에 너무 위험한 캐릭터를 지향하는지(**열정 1, 충동 2**), 선택해야 합니다.

어두운 자아에 빠지지 않았을 때도 늑대로 변할 수 있는지는 테이블마다 상의해서 결정해야 합니다. 늑대인간은 현재 모습과 관계없이 같은 능력치와 액션을 갖습니다.

정체성

이름: 캐시디, 칸디카, 플린치, 레비, 마고트, 로리, 루나, 피터, 터커, 재커리

겉모습: 원초적임, 헝클어짐, 뻣뻣함, 강인함, 혈기왕성함

눈: 교활한 눈, 포식자의 눈, 꿰뚫는 듯한 눈, 야만스러운 눈, 늑대의 눈

기원: 늑대로 태어남, 늑대가 키움, 선조의 힘, 각성, 물림, 달의 축복

캐릭터 배경

여러분은 속마음을 제대로 숨기지 못합니다. 모두에게 끈을 1점씩
줍니다.

여러분은 몇 주 동안 누군가를 멀리서 관찰했습니다. 이제 상대의
냄새와 버릇은 절대로 오인할 수 없습니다. 상대에게 끈 2점을
받습니다.

능력치

둘 중 선택:
✦ **열정 1, 냉정 -1, 충동 2, 어둠 -1**
✦ **열정 2, 냉정 -1, 충동 1, 어둠 -1**

어두운 자아

여러분은 무시무시한 늑대 괴물로 변합니다. 힘과 지배를 갈망하고,
거머쥐기 위해 피바람도 마다하지 않습니다. 누군가 여러분의 앞을
가로막으려 든다면, 반드시 쓰러뜨리고 피를 봐야 합니다.
어두운 자아에서 벗어나려면, 여러분이 정말로 아끼는 이를 다치게
하거나 해가 떠야 합니다. 어느 쪽이든 먼저 일어나는 대로 벗어납니다.

성장

○ 능력치 중 하나를 +1 추가합니다.
○ 다른 늑대인간 액션을 하나 얻습니다.
○ 다른 늑대인간 액션을 하나 얻습니다.
○ 아무 스킨 액션을 하나 얻습니다.
○ 아무 스킨 액션을 하나 얻습니다.
○ 늑대 떼에 들어갑니다.

섹스 액션

상대와 성관계를 맺으면, 둘 사이에 깊은 영혼의 유대가 생깁니다. 둘
중 하나가 이 유대를 깨뜨릴 때까지(다른 사람과 성관계를 맺어서)
상대를 지키는 모든 판정에 +1 보너스를 받습니다. 여러분은 유대가
깨지는 순간 눈치챌 수 있습니다.

늑대인간 액션
두 가지를 선택합니다:

○ 원초적 지배
누군가를 다치게 하면, 상대에게 끈 1점을 받습니다.

○ 피 냄새
이 장면에서 이미 피해를 받은 사람에게 맞서는 모든 판정에 +1 보너스를 받습니다.

○ 달을 보고 울부짖다
달빛을 쪼일 때, 여러분은 **어둠**이 3인 것처럼 행동할 수 있습니다.

○ 영혼의 갑주
달빛을 쪼이는 동안 여러분이 받는 모든 피해는 1 감소하며, **침착하기** 판정에 +2 보너스를 받습니다.

○ 강화된 감각
동물적인 본능에 의지해 긴장 상황을 파악하려고 하면, **어둠**으로 판정하세요. 10 이상이면 MC에게 아래 선택지에서 세 가지를 묻고 **다음 번 보너스**를 받습니다. • 7–9면 한 가지를 묻고 **다음 번 보너스**를 받습니다:

✦ 들어가거나 빠져나가기 가장 좋은 경로는 어디인가요?
✦ 내가 가장 상대하기 쉬운 적은 누구인가요?
✦ 상대가 감춘 약점은 무엇인가요?
✦ 내게 닥칠 가장 큰 위협은 무엇인가요?
✦ 누가 이 상황을 통제하나요?

○ 불안정
어두운 자아에 빠지면, 경험치를 받습니다.

마녀

누군가가 보내 준 머리 한 타래, 여러분을 향한 은밀한 시선, 역사 시간 동안 전달된 비밀 쪽지, 그 하나하나가 여러분에게 보내는 요청입니다. 마법 좀 부려달라는 요청이지요. 맞습니다. 마녀의 마법은 애들 장난이 아닙니다. 하지만 여러분이 마법을 하나둘씩 알아갈 때마다, 세상을 가지고 놀기가 얼마나 쉬운지 모를 수 없습니다.

물론, 여러분 같은 좋은 마녀는 절제할 줄 압니다. 좋은 마녀는 그 모든 요청을 못 본 체하고, 남을 지배하고 복수하는 것이 얼마나 달콤한지 생각하지 않습니다. 좋은 마녀는 그 모든 것에 초연합니다. 최소한 대부분 시간에는 말입니다.

마녀 플레이하기

음울하고, 복수심에 불타며, 비밀스럽고, 불가사의합니다. 마녀는 마법의 보복, 또는 짓궂은 선물을 보낼 기회가 주어질 때까지 다른 사람들을 조용히 판단하면서 때를 기다립니다.

마녀는 계산적이고 독하거나(**냉정 2, 어둠 1**), 비밀스럽고 으스스한 (**열정 1, 어둠 2**) 방향으로 능력치를 선택할 수 있습니다. 어느 방향이든, 마녀는 자신의 힘을 최대로 쓸 수 있을 때까지 참을성 있게 기다립니다. 하지만 마녀는 낮은 **충동** 때문에 예기치 않은 위협에 대처하기 어렵습니다. 충혈된 눈을 희번덕거리며 방언을 외치지 않는 한 말이지요.

마녀가 받은 끈과 교감의 징표는 각각 다른 모양으로 표시하는 편이 가장 좋습니다. 끈은 동그라미로 표시할 것을 앞서 권장했기 때문에, 징표는 삼각형이나 작은 별 모양으로 표시하면 될 것입니다. 징표로 어떤 물건을 받았는지는 메모장이나 캐릭터 시트의 빈 곳에 적어두세요.

다른 스킨 캐릭터가 교감의 징표 액션을 같이 얻지 않은 채로 주술 액션을 얻었다면, 상대방과 눈을 마주치고 입 밖으로 주문을 외치지 않는 한 주술을 쓸 수 없습니다. 은밀한 방법은 아니지요.

정체성

이름: 아브리엘, 안나리, 코델리아, 데리우스, 에블린, 제라드, 루카, 메릴, 사브리나, 바네사

겉모습: 나긋나긋함, 조심스러움, 내숭쟁이, 불안해 보임, 꼼꼼해 보임

눈: 계산적인 눈, 능글맞은 눈, 장난기 많은 눈, 사악한 눈, 깊은 눈

기원: 할머니에게 배움, 각성, 이교 입문, 텀블러, 독서광

캐릭터 배경

여러분은 **교감의 징표**를 두 개 가지고 시작합니다. 누구의 징표인지, 어떤 물건인지 정하세요.

다른 캐릭터 중 하나는 여러분이 자기 친구의 물건을 뒤적이는 모습을 발견했지만, 아직 아무 말도 하지 않았습니다. 상대는 여러분에게 끈 1점을 받습니다.

능력치

둘 중 선택:
✦ **열정** -1, **냉정** 2, **충동** -1, **어둠** 1
✦ **열정** 1, **냉정** -1, **충동** -1, **어둠** 2

어두운 자아

이제 조용히 참고 기다린 시간은 끝났습니다. 여러분은 이제 그들의 쓰레기 같은 짓거리를 그냥 넘기기에는 너무나도 강력합니다.
여러분은 모욕을 받으면 상대가 누구든 주술을 겁니다. 여러분이 건 주술은 모두 예상치 못한 부작용이 일어나며, 원래 의도보다 지나치게 강력합니다. 어두운 자아에서 벗어나려면, 반드시 여러분이 가장 크게 다치게 한 상대에게 화해를 제의해야 합니다.

성장

❍ 능력치 중 하나를 +1 추가합니다.
❍ 다른 마녀 액션을 하나 얻습니다.
❍ 나머지 주문을 모두 얻습니다.
❍ 새로운 주문을 만듭니다.
❍ 아무 스킨 액션을 하나 얻습니다.
❍ 아무 스킨 액션을 하나 얻습니다.
❍ **마녀 집회**에 들어갑니다.

섹스 액션

성관계를 맺은 후, 여러분은 상대의 **교감의 징표**를 하나 가집니다.
상대도 그 사실을 알며, 좋게 받아들입니다.

마녀 액션

마녀는 **교감의 징표**와 **주술**을 얻습니다.

● 교감의 징표
여러분은 다른 사람에게 개인적으로 중요한 물건을 교감의 징표로 가져서 힘을 끌어냅니다. 교감의 징표는 끈으로 간주합니다.

● 주술
여러분은 주문을 사용합니다. 아는 주문 두 가지를 선택하세요. 주문을 사용하려면 비밀스러운 의식을 치르면서 교감의 징표 하나를 소모하거나, 눈을 마주치고 방언을 외쳐야 합니다. 그런 다음 **어둠**으로 판정하세요. 10 이상이면 주문은 제대로 발휘되며, 언제든지 쉽게 해제할 수 있습니다. 7-9면 주문은 발휘되지만, 다음 중 하나를 선택하세요:
* ✦ 주문을 사용한 대가로 피해 1점을 받습니다.
* ✦ 주문은 기이한 부작용을 일으킵니다.
* ✦ 여러분은 어두운 자아를 발동합니다.

○ 파격적인 마법
주술 의식이 공동체의 도덕적, 성적 기준을 거스르면, 주술 판정에 +1 보너스를 받습니다.

○ 성소
여러분은 마녀의 술법을 부리는 비밀 장소를 가졌습니다. 성소에서 여러분은 모든 판정에 +1 보너스를 받습니다.

주문

두 가지를 선택합니다:

○ 쇠약
주문 대상자는 모든 머리카락이 빠지거나, 이가 떨어져 나가거나, 월경이 예상치 못할 때 심하게 찾아오거나, 피부가 누렇게 변하고 반점이 돋습니다. 세부적인 사항이 어떻든 나쁜 일이 일어납니다.

○ 포박
주문 대상자는 물리적으로 다른 사람을 해치지 못합니다.

○ 거짓의 종
주문 대상자는 거짓말을 하려고 할 때, 날카롭게 울리는 듯한 소음을 듣습니다. 큰 거짓말을 하면 머리가 어지러워지면서 무릎을 꿇을 만큼 소음이 심해집니다. 심각한 거짓말을 하면 피해를 받거나 심지어는 뇌가 손상될 수도 있습니다.

○ 감시
여러분은 깊은 잠에 빠진 다음, 주문 대상자의 눈을 통해 세상을 봅니다. 여러분은 주문 대상자가 무엇을 보았는지, 무슨 인상을 받고 어떻게 반응했는지 느낄 수 있습니다.

○ 환각
다음 중 하나를 선택하세요: 뱀, 벌레, 악마의 얼굴, 거짓 예언, 존재하지도 않는 숨겨진 의미. 주문 대상자는 주변의 모든 것에서 여러분이 선택한 환각을 봅니다. 여러분은 정확히 어떤 영상을 보게 할지, 무엇을 눈앞에 나타나게 할지 조종할 수는 없습니다.

추가 스킨

추가스킨은 이야기와 놀이 자료실에서 찾을 수 있습니다.

선택받은 자는 이 세상의 어둠과 악을 무찌르기로 맹세한 전사입니다. 하지만 이런 무거운 짐을 지고 여러 괴물에 둘러싸인 채로, 고결하고 강력한 자아의식을 지킬 수 있을까요?

뱀은 인간과 뱀의 세계 사이에서, 교활한 가족과 나머지 사람 사이에 사로잡힌 스킨입니다. 누구를 믿어야 할까요? 어떻게 적응해 나아가야 할까요?

비록 두 스킨은 모두 재미있지만, 플레이하려면 특수한 지침이 필요하며, 일부 게임 스타일에는 어울리지 않기 때문에 본 책에서는 수록하지 않았습니다. **선택받은 자**는 플레이의 분위기를 크게 바꾸어 불안한 헌신과 도덕적인 혼란을 이야기의 중심으로 끌어들입니다. **뱀**은 게임 내내 대부분 배경으로만 남을 여러 조연 캐릭터를 등장시킵니다. 관심이 생기면 확인해보세요!

추가 스킨 여섯 가지(**사스콰치, 뻐꾸기, 유니콘, 맏이, 이웃, 셀키**)를 소개한 잭슨 테구의 자료집인 Second Skins도 확인해보세요. www.photographsoflightning.com에서 구매 가능합니다. 링크를 따라가보세요. 셀키를 플레이할 수 있습니다. 셀키는 무척 아름답게 만들어졌고, 무료로 사용할 수 있는 스킨입니다.

6장:
직접 만들기

미치광이 과학

몬스터하트의 구조는 여러 부분 개조가 가능하도록 여지를
남겼습니다. 고등학교 교실이라는 초기 설정은 반드시 지켜야
할 법칙이 아닙니다. 기본 액션과 스킨, 원칙, 리액션 등은
모두 따로 분리해서 고칠 수 있는 규칙입니다. 하지만 동시에,
몬스터하트는 특정한 플레이 경험을 전달할 수 있도록 구조를
조종하고 맞췄다는 사실을 명심하세요. 각 요소가 게임에
어떤 이바지를 하는지 명확하게 이해해야 성공적으로 개조할
수 있습니다.

미치광이 과학자의 혼이 타오르는 여러분에게, 이번 장은
여러분의 실험을 어떻게 잘 수행할지 점검하는 지침서
역할을 합니다. 이번 장에는 규칙 아래에 깔아 둔 일부 제작
의도와 어디서부터 개조하면 좋을지를 알려주는 저의 제안을
담았습니다.

졸업 후

몬스터하트는 주연들이 고등학교를 함께 다니는 청소년이라는 전제를 깔고 만든 게임이지만, 다른 가능성도 얼마든지 있습니다. 여러분은 환경을 바꾸어 여름 캠프나 지역 스포츠팀에 함께 다니는 십 대나 혹은 패스트푸드 가게에서 함께 일하는 이십 대 젊은이 등을 초점으로 맞추어 몬스터하트를 플레이할 수도 있습니다.

비록 사회적인 배경은 즉각 달라질 수 있지만, 플레이는 여전히 고등학교에서 겪은 정서적인 현실을 되풀이해야 합니다. 주연 캐릭터들은 대체로 달갑지 않은 인생의 전환점 한가운데에 있으면서, 이 세상과 자신의 스킨 양쪽 모두로부터 소외감을 느껴야 합니다. 캐릭터들은 시시한 사회 속 정치에 빠져들어야 하며, 골치 아픈 관계는 단순히 물러나는 것만으로 해결하기가 어려워야 합니다. 그리고 나름 힘과 능력을 갖추더라도 삶 속에서 마주치는 여러 어른에게 무시와 폄하를 당해야 합니다.

만약 주연 캐릭터들이 패스트푸드 가게에서 함께 일하는 점원들이라면, 점장은 아마 쥐꼬리만 한 권력을 아랫사람들에게 휘두르기 좋아하는 불쾌하고 답답한 사람일 것입니다. 아마 캐릭터들은 불규칙한 근무 시간표 때문에 직장 바깥에서는 의미 있고 건강한 관계를 맺기 어려울지도 모릅니다.

p.71에 나온 대로 캐릭터들이 같은 반에 있지 않다면, 좌석 배치도를 대체할 무언가를 만들어야 합니다. 패스트푸드 가게를 예로 들면, 최근 근무 시간표나 분기별 직원회의에서 앉는 자리일 수도 있습니다. 좌석 배치도는 곧바로 게임에 사용할 수 있는 조연 캐릭터와 이들의 흥미진진한 정보, 캐릭터들 사이에서 형성되는 공동체, 그리고 아직은 수박 겉핥기에 지나지 않지만 플레이 동안 파헤칠 캐릭터들의 암묵적인 관계를 플레이에 던져주기 때문에 무척 중요합니다.

환경 탐구하기

기본 액션은 단순히 십 대 몬스터 섹스 호러 장르에서 중요한 일련의 행동을 모은 규칙이 아닙니다. 이야기의 형태를 빚는 생태계이자 섬세한 환경이지요. 이 중 하나라도 없애면 나머지에도 큰 영향을 미칩니다. 예를 들어 **흥분시키기**는 캐릭터가 남에게 끈을 얻는 주요한 방법으로, 성적 취향을 캐릭터의 삶 속에서 맹렬하게 움트는 힘으로 나타낸 액션입니다. 캐릭터가 다른 방식으로 끈을 얻는 방법을 덧붙인다면 몬스터하트의 생태계가 바뀌어서 성적 취향과 성 정체성이 이야기에 엮여 들어가는 모습 역시 영향을 받을 것입니다.

기본 액션은 끈, 상태, 피해, 경험이라는 게임 속 경제에 모두 연결되어 있습니다. 액션 중 하나라도 수정하거나 바꾼다면 게임 속 경제가 돌아가는 방식도 바뀔 가능성이 있습니다. 예를 들어 **죽음 피하기** 액션을 뺀다면, 피해 규칙은 갑자기 더욱 위험해지고 무서워집니다. **충동**이 높은 캐릭터는 사회적으로 영향력이 더욱 강력해집니다. 이들과 부딪혀서 얻는 대가가 더욱 커지기 때문입니다. 끈 1점을 사용해서 원하는 일을 하도록 유혹하는 선택지는 여전히 남을 조종하려 들 때 고를 수 있지만, 물리적인 폭력을 저지르겠다고 위협한 다음 피해에 추가할 끈 1점을 준비하는 선택지는 상대적으로 더욱 강력해집니다. 또한, 무리의 도움을 받으면 피해가 증가하기 때문에 플레이어들은 성장으로 무리를 선택할 확률이 높아지며, 게임은 대립과 유혈극이 벌어지는 방향으로 흘러갈 것입니다. 다른 스킨의 액션 중에서는 늑대인간의 액션에 눈이 갈 확률이 높아지며, 구울의 스킨인 **악인에게 짧은 휴식을**은 중요성이 크게 높아집니다. 모든 테이블에서 반드시 똑같은 방식으로 반응할 것이라는 보장은 없지만, 단 하나의 규칙이라도 바꾼다면 나머지 구조에 파문을 일으킬 수 있다는 사실은 꼭 알아두어야 합니다.

게임이 돌아가는 방식을 고치기 전에, 꼭 플레이를 직접 하세요. 게임을 다른 방향으로 밀고 나갈 때 어떤 일이 일어나는지 플레이를 해서 알아내세요. 액션 사이에서 어떤 숨은 연결고리가 있는지 플레이를 해서 밝혀내세요. 환경을 파악하는 감을 플레이를 해서 기르세요. 그렇게 한다면 기본 액션을 고치거나 새로운 스킨을 만드는 등 몬스터하트를 가지고 놀기 시작할 때, 여러분이 일으킨 변화가 나머지 구조에 어떤 영향을 미칠지 직감적으로 알아차릴 수 있을 것입니다. 또한, 여러분이 떠올린 아이디어를 플레이로 시험해 볼 때도 어떤 부분에서 불안정한 부작용이 일어날지 더욱 정확하게 파악할 수 있습니다.

긴 예시

가브리엘라는 자기 캐릭터가 충동적이고 자기중심적인 성격이라고
보기 때문에, 결정을 숙고하는 데 많은 시간을 들이는 대신, 일단
일을 저지르고 상황에 따라 그때그때 대응할 거로 생각합니다.
그렇기 때문에 악마 숭배 집단이 벌이는 어둠의 의식에 레일리를
데리고 와야 한다고 빅이 말했을 때, 제라드는 망설이지 않고
레일리에게 갔습니다.

레일리네 집에 가면서, 제라드는 계속 레일리에게 어떤 내용을
말할지 속으로 연습합니다. 자기 생각에 사로잡힌 제라드는 벨을
누르지도 않고 집으로 들어가서, 문을 두드리지 않고 방문을 엽니다.
레일리는 마침 소파에서 문자를 보내는 중이었습니다. "레일리, 나
있잖아-" 레일리는 깜짝 놀라, 본능적으로 휴대전화를 소파 쿠션
밑에 숨깁니다. "안녕! 네가 온 줄도 몰랐네."

MC의 원칙 중 하나는 **허점을 찾아냅니다** 입니다. MC는 이미
레일리가 최근에 저지른 지각없는 행동을 이용해 어떻게 두 연인
사이에 불화의 씨앗을 뿌릴 수 있는지 궁리를 했습니다. MC는
어떤 대답이 나올지 예상하지만, 확인차 로레인에게 묻습니다. "
레일리, 누구한테 문자를 보내고 있었어요?" MC는 **플레이어가
아니라 캐릭터와 대화합니다** 라는 원칙에 따라 묻습니다. 로레인이
대답합니다. "캐시디요. 전 침착하려고 노력했지만, 사실은
캐시디에게 푹 빠졌어요."

제라드는 서둘러 입을 엽니다. "들어 봐, 레일리. 난 우리 두 사람의
관계에 대해 많은 생각을 했어. 우리가 어떻게 잘 지내왔는지
말이야. 하지만 서로를 돕기 위해서는 별로 시간을 투자하지 않았어.
예를 들어서, 네 작문 같은 것 말이야. 넌 정말 열정을 가지고 글을
쓰잖아. 나? 나는 마법을 탐구해. 진짜 마법을 부리는 사람으로서
말이야. 알지?"

"응?" 레일리는 대화가 어느 방향으로 흘러가는지 살짝 감을 못 잡고,
자세를 고쳐 앉습니다.

"음, 우리가 진짜 할 일은 서로를 돕는 거야. 그러니까, 일종의 밀착
취재 말이야. 같이 하자."

레일리는 눈을 깜빡였습니다. 무슨 말인지 전혀 감을 잡을 수 없었기 때문입니다. 레일리는 미간에 깊은 주름을 잡으면서, 제라드가 무슨 말을 한 건지 좀 이해해 보려고 노력합니다. 제라드는 본론을 꺼냅니다. "무슨 말을 하고 싶냐면, 근처에 어느 모임이 있어. 이 지역 모임이야. 우리 학교 학생들이 만든 모임인데, 날 껴주고 싶대. 나도 그럴 생각이야, 레일리. 정말 가고 싶대. 그런데 너랑 같이 가고 싶어. 어둠의 의식 같은 건데, 너가 그런 거 믿지 않는 거 알아. 그렇지만 나랑 같이 가줬으면 해. 우리 관계를 위해서 말이야. 좀 더 진지한 글을 쓸 기회도 있을 거야. 진짜 탐사보도 같은 거."

가브리엘라는 로레인의 얼굴을 뚫어지게 보면서 말을 덧붙입니다. "제라드는 레일리에게 가진 끈을 1점 쓸 겁니다. 승난하면 경험치 1점을 벌 수 있어요." 그러면서 제라드의 캐릭터 시트에서 레일리 이름 옆에 있는 끈을 하나 썼다는 표시를 합니다.

레일리는 느리지만 신경질적으로 고개를 젓고는, 조심스럽게 말을 꺼냅니다. "저, 제라드. 이야기 좀 하자." 레일리는 제라드의 유혹에 저항했기 때문에, 경험치를 받지 않습니다. 제라드는 풀이 죽습니다. 레일리는 소파 옆쪽을 흘낏 보고, 제라드에게 앉으라고 넌지시 눈빛을 전합니다. "있잖아, 내가 무언가를 저질렀어. 솔직하게 말할게. 너한테 말이야. 넌 들을 자격이 있어."

팽팽한 침묵이 감돕니다. 테이블의 침묵은 MC가 리액션을 할 완벽한 기회입니다(리액션을 선택하고 대화에 끼어 넣으세요). 하지만 이미 장면이 충분히 멜로드라마적이고 애달픈 분위기로 치달았기 때문에, MC는 그저 눈을 크게 뜨고 다음에 무슨 일이 일어날지 지켜만 봅니다.

제라드는 옆에 앉았지만, 레일리와 마주보기를 거부합니다. 제라드는 그저 고개를 숙이고 자기 군화에 난 흠집을 바라만 봅니다. "케시디 이야기지. 안 그래?" 레일리는 고개를 끄덕이며 응, 이라고 우물거리듯 대답합니다. 제라드는 더 들을 필요가 없었습니다. 돌이켜 보니, 모든 것이 명확해지니까요.

이제 두 십 대 청소년이 침울한 정적에 사로잡힌 것 같습니다. MC는 이제 리액션을 할 때라고 마음을 정합니다. MC는 **서로 묶습니다**를 사용하기로 한 다음, 코디에게 눈을 돌려 말합니다. "캐시디, 레일리가 시시덕거리는 문자를 보낸지 몇 분이 지났어요. 어떻게 반응할지 생각해 봤어요?" 코디는 씩 웃으면서 고개를 끄덕이고는, 기꺼이 끼어들기로 결정합니다.

액션 만들기

액션은 다음과 같은 공통 공식을 따릅니다:
[액션을 유발하는 행동이나 사건]이 일어나면, [효과가 발생합니다].

표현 방식은 액션마다 다를 수 있습니다. **죽음 피하기**는 "죽음을 피하기 원할 때"가 아니라 "죽음을 피하려 행동할 때" 발도합니다. 무엇보다도 액션은 어떻게 발동하며, 효과는 무엇인지 명백하게 설명해야 합니다.

많은 액션은 앞서 소개한 공식을 좀 더 넓혀서 주사위를 굴리는 과정을 포함합니다:
[액션을 유발하는 행동이나 사건]이 일어나면, [능력치]로 판정합니다. 10 이상이면 [좋은 결과가 일어납니다].
  • **7-9면, [어느 정도는 원하는 대로 이루어지지만, 문제가 생기거나 힘든 선택을 해야 합니다].**

어떤 액션은 간단한 선택지를 고르는 과정도 포함합니다. 액션은 간결하면서도 이해하기 쉬워야 가장 잘 돌아가기 때문에, 한 액션 안에 많은 선택지를 집어넣는 것은 바람직하지 않습니다. 몬스터하트의 기본 액션은 몇 가지 다른 방법으로 이를 나타냅니다. **흥분시키기**는 10 이상이 나오면 한 가지 이점을 제공하는 동시에 상대에게 선택지 중 하나를 고르게 시키며, 7-9가 나오면 이점이나 선택지 중 하나만 골라야 합니다. **닥치게 하기**는 10 이상이 나오든 7-9가 나오든 같은 선택지를 고르지만, 7-9가 나오면 문제도 하나 생깁니다. **폭력 행사하기**와 **도망치기**는 7-9가 나올 때 선택지에서 하나만 고릅니다.

162

여러분은 기본 액션을 수정하거나, 대체하거나, 삭제하거나, 추가할 수 있습니다. 앞에서 말했듯, 나머지 구조에 무언가 파장이 미칠 것입니다.

예를 들어 이차원과 현실 사이를 오가는 몬스터하트 플레이를 하고 싶다면, 차원문에 들어갈 때 겪는 기이한 경험을 포착한 기본 액션을 만들 수 있습니다. 위험하고 불확실한 요소를 집어넣기 원한다면 당연히 주사위 굴림이 있는 액션이 알맞습니다. 완성된 액션은 이런 모습일 것입니다:

차원문에 들어가면, 어둠으로 판정하세요. 10 이상이면, 원하는 장소에 안전하게 도착합니다. • 7-9면, 아래 선택지에서 하나 고릅니다:
✦ 한창 위험한 상황에 도착합니다.
✦ 전혀 엉뚱한 곳에 도착합니다.
✦ 혼란하고, 겁먹고, 목마른 채로 도착합니다.

스킨 해부하기

스킨은 그저 단순한 괴물의 종류일 뿐만 아니라, 다양한 십대 청소년의 관점과 병리 현상, 관계의 역동성을 나타내는 상징이기도 합니다. 늑대인간은 당연히 늑대와 인간의 모습을 오가는 존재입니다. 하지만 동시에 포악하게 군림하려 들고 텃세를 부리는 애인을 은유하기도 합니다. 흡혈귀는 동의의 문제와 정서적인 덫을 이해하기 위한 스킨입니다.

모든 스킨은 다양한 플레이 환경을 활용하며, 특히 서로 다른 방식으로 게임 경제에 영향을 미칩니다. 이 중 일부는 서로 같은 규칙을 공유하지만(끈, 상태, 피해, 경험치), 다른 스킨에 없는 고유한 규칙을 가지기도 합니다(**교감의 징표, 약속, 굶주림**). 유령은 상태를 얻거나 해소하고 다른 사람들을 도와 치료하는 플레이가 중심이 됩니다. 인간은 자기 연인에게 불안하게 지배당하는 위치에 서면 보너스와 경험치를 얻습니다. 늑대인간은 피해를 주고, 이 피해를 사회적인 힘을 얻는 데에 활용합니다. 스킨은 단순히 표면적인 괴물성과 은유적인 의미뿐만 아니라 스킨 액션과 게임 경제로도 구분할 수 있습니다.

각 스킨을 이루는 요소는 모두 같습니다:
- ✦ 게임을 시작할 때 분위기를 돋우기 위해 크게 읽는 문구
- ✦ 정체성 항목 (이름 10가지, 겉모습 5가지, 눈 5가지, 기원 5가지)
- ✦ 초기 선택 능력치 2가지(보통 +2, +1, -1, -1을 배열합니다)
- ✦ 캐릭터 배경
- ✦ 어두운 자아와 어떻게 빠져나올 수 있는지 명확하게 설명한 조항
- ✦ 스킨 액션 5-7개와 맨 처음 얼마나 선택할 수 있는지 설명한 지시사항
- ✦ 스킨의 능력과 세계관을 반영하는 섹스 액션

많은 스킨에는 위 목록 외에도 고유한 관계나 점수처럼 별도로 관리해야 하는 특별한 무언가가 있습니다. 요정은 **약속**을, 인간은 자기 연인을, 구울은 **굶주림**을, 마녀는 **교감의 징표**를 관리하고 기록해야 합니다.

스킨 만들기

몬스터하트에서 다루지 않은 괴물 유형은 많습니다. 예를 들어 초능력자나 고양이 소녀, 서큐버스 같은 괴물은 몬스터하트에 없습니다. 스킨은 십 대 경험을 이해하는 은유이기도 하므로, 어쩌면 빠진 부분에 아쉬움을 느낄 수도 있습니다. 자신을 증명하기 위해 무엇이든 하려 드는 충직하고 고집 센 친구는 어디에 있나요? 혹은 책과 컴퓨터 화면에서만 위안을 받는 수줍은 공붓벌레 꼬마는 어디 있나요? 어쩌면 새 스킨을 만들겠다는 생각이 들 수도 있습니다.

아래 질문에 대답하면서 시작하면 도움이 될 것입니다. 가장 이상적인 답변을 적고, 제작하는 동안 계속 되새기세요.
+ 어떤 괴물의 유형을 기초로 하나요?
+ 어떤 십 대의 경험을 이야기하나요?
+ 이 스킨의 가장 높은 두 가지 능력치는 무엇인가요?
+ 이 스킨은 어떤 액션과 게임 경제를 중심으로 하나요?
+ 여러분에게 이 스킨의 가장 재미있는 부분은 무엇인가요?

답변을 하면서, 마음에 드는 기존 스킨 중에서 조금 바꾸는 것만으로도 원하는 바를 이룰 수 있는 스킨이 있는지 검토하세요.

여러분은 어쩌면 충실하고, 친구를 사랑하며, 절친한 친구를 위해서라면 기꺼이 잘못된 선택을 할 수 있는 개인간 스킨을 제작하기 원할지도 모릅니다. 스킨 제목은 시험 삼아 '좋은 아이', 또는 '래브라도'로 정한 다음, 떠오르는 아이디어를 적었다고 합시다. 곧 여러분은 구상하던 스킨의 액션과 게임 경제가 인간과 놀라울 정도로 닮았다는 것을 깨달을 것입니다. 훌륭한 깨달음입니다! 여러분은 좋은 아이를 인간의 대체 스킨으로 만들기로 하고, 연인 대신 최고의 친구를 선택하며, 액션 이름을 개인간의 지나치게 헌신적이며 무엇이든 열심히 하려는 속성을 반영하는 방향으로 바꾸기로 할지도 모릅니다. 일부 액션은 완전히 바꿔야 하고, 어두운 자아 역시 다시 써야 할 것입니다.

때로는 아예 전혀 새로운 스킨을 만들고 싶을지도 모릅니다. 좋습니다. 스킨을 제작하면서 앞서 말한 다섯 가지 질문의 대답을 항상 머릿속에 두세요. 여러분의 대답을 보완하는 스킨 액션을 만들되, 그 스킨을 고른 플레이어가 의미 있는 선택을 할 수 있고, 캐릭터를 차별화할 수 있도록 하세요. 어두운 자아는 캐릭터의 사악한 바닥을 드러내고 꾸며야 하지만, 플레이가 재미없어질 정도로 날카롭게 만들면 아무 쓸모가 없습니다. 주의하세요. 마지막으로, 맨 앞 장에 멜로드라마적인 분위기가 뚝뚝 흘러넘치는 스킨 소개글을 쓰세요.

스킨 레이아웃 인디자인 파일은 wishsong1982@gmail.com 으로 요청하면 제공하겠습니다.

MC의 도구

여러분은 플레이어가 사용하는 규칙뿐만 아니라, 원칙과 리액션 역시 자유롭게 수정하고 확장할 수 있습니다. 원칙은 게임의 혼을 전달하는 도구이자, MC가 이야기를 이끌어나가는 전반적인 방법입니다. 원칙을 바꾼다면 게임의 느낌 역시 달라집니다. 반면 리액션은 전형적인 플롯 장치입니다. 리액션을 바꾼다면 이야기가 시시각각 다른 방향으로 흘러갑니다.

예를 들어, 미스터리와 수사가 얽힌 몬스터하트를 원한다면 "단서를 소개할 때는 관대하고 눈에 잘 띄게 만드세요"라는 새 원칙을 만들 수 있습니다. 어쩌면 "누군가를 납치한다"와 "엉뚱한 단서를 도입한다"라는 리액션을 추가할 수도 있습니다.

7장:
영감 얻기

레일리의 휴대전화가 울립니다. 다시 울리고, 세 번째로 울립니다. 레일리는 참지 못하고 잠금화면을 흘낏 봅니다. 그 순간, 제라드는 씩씩대면서 문으로 걸어 나갑니다.

레일리는 벌떡 일어나 뒤따라가면서, 남아서 이야기 좀 하자고 애원합니다. 레일리가 집 앞 보도까지 계속 따라오자, 제라드는 몸을 휙 돌리며 위협적으로 말했습니다. "둘 다 가질 수는 없어. 레이. 매력적인 웃음으로 널 홀리는 여자라면 아무하고 자면서 날 계속 가지고 놀 수는 없다고, 너라도 말이야. 이제 끝이야. X팔 끝이라고, 레일리."

제라드는 **닥치게 하기**를 썼습니다. 그래서 가브리엘라는 주사위를 굴립니다. 주사위는 2와 2가 나왔고, 제라드의 **냉정** 1을 더해 결과는 5입니다. 즉, 제라드의 시도는 실패로 돌아갑니다. MC는 이 시점에서 끼어들어 이웃 사람들이 두 사람을 어떻게 구경하고 있는지 말하고, 울화통이 터진 제라드의 목소리는 중간에 갈라지고 잠겨버렸다고 묘사합니다. 또한, 판정이 실패했기 때문에, MC는 리액션을 사용할 절호의 기회를 얻습니다. 조쉬는 리액션 목록을 본 다음 **어두운 자아를 발동합니다**를 선택합니다.

제라드는 몸속에 깃든 마법의 기운이 음울하게 퉁퉁 소리를 내면서 심장을 타고 흐르는 것을 느꼈습니다. 어두운 자아에 빠진 마녀는 자신을 모욕한 자라면 누구든지 주술을 겁니다. 제라드는 분명히 이 순간 모욕감을 느꼈습니다.

가브리엘라는 제라드의 눈이 칠흑처럼 어두워지면서, 레일리가 알아듣지 못하는 언어를 읊조리기 시작한다고 묘사합니다. 가브리엘라는 주사위를 들고, 마녀의 스킬 액션인 **주술**을 판정합니다. 제라드는 **진실의 종**을 라일리에게 걸었고, 판정 결과는 9가 나와서 선택지 중 하나를 골라야 합니다. 가브리엘라는 주문이 효과를 발휘했지만 기이한 부작용을 일으킨다고 결정합니다. MC는 맞장구를 치고는, 제안을 던집니다. "그래서, 이 주문은 레일리가 거짓말을 할 때마다 머리를 울리게 만들죠. 부작용으로 둘 사이에서 정신적인 연결이 생겨서, 둘 다 모두 머리가 아파지는 건 어때요?" 부작용으로 더할 나위 없이 어울려 보입니다. 무슨 문제가 생길까요?

레일리는 눈앞의 광경에 겁이 나고 혼란스럽지만, 그저 제라드를 진정시켜서 좋게 대화를 마무리하기만을 바랍니다. "제라드, 들어가서 이야기할 수 없을까?"

제라드는 비웃음을 짓고는 걸어가기 시작합니다. 레일리는 신발도 신지 않은 채로 보도에 나왔습니다. "제발, 자기야. 난 아직 널 사랑하고 있어!"

MC는 **자극적인 질문을 하고 그 답을 활용하는** 방법으로 대응합니다. "정말요? 다른 사람과 바람을 피웠다고 고백하는 그 순간에도 전화기에서 눈을 떼지 못했잖아요." 로레인은 곰곰이 생각한 다음, 대답합니다. "아닌 것 같네요. 그냥 버림받기 싫은 것뿐이에요."

레일리와 제라드는 둘 다 머릿속이 깨질듯한 통증을 겪습니다. 레일리가 스스로 거짓말을 했기 때문입니다. MC는 리액션으로 **피해를 주면서** 말합니다. "정말 큰 거짓말이네요. 둘 다 피해 1 점씩 받아야 할 것 같아요." 제라드는 비틀거리면서도 계속 발길을 옮깁니다. 레일리는 망연자실하게 서 있습니다. 코에서는 피가 흐릅니다.

인간의 가장 중요한 스킨은 **진정한 사랑**입니다. 언제나 단 한 명의 연인만을 정해야 합니다. 누군가 다른 사람과 사랑에 빠지면 그 사람은 새로운 연인이 되며, 인간은 **새 연인**에게 끈 1점을 줍니다. 로레인은 제라드의 이름을 지우고 캐시디의 이름을 캐릭터 시트에 씁니다. 코디는 캐시디의 캐릭터 시트에 레일리에게 받은 새 끈을 기록합니다.

MC가 묻습니다. "제라드, 어디로 가나요?"

가브리엘라는 미소를 짓습니다. 가브리엘라는 마녀가 가진 어두운 자아의 팬이 되었고, 제라드가 감추어 오던 오만하고 파괴적인 측면을 기꺼이 받아들여서 즐기는 중입니다. "캐시디를 찾으러 가요. 찾은 다음에는 죽일 거예요."

미디어 공부하기

여러분이 몬스터하트와 비슷한 느낌과 분위기를 갖춘 이야기에 끌린다면, 아래에 열거한 목록은 완벽한 입문서가 될 것입니다. 욕구가 충족될 때까지 계속 파고 들어가세요.

다음 세 곡으로 시작하세요:

"Violet" (홀)

"Cannibal" (케샤)

"Y I DO" (제브라 카츠)

진저 스냅을 시청하세요.

Taking Steps 블로그의 "the seam of skin and scales"를 읽으세요. 괴물성이 은유로 작용할 수 있는 모든 방법을 생각하세요.

버피 더 뱀파이어 슬레이어의 시즌3 13화 "The Zeppo"를 시청하세요. 캐릭터가 힘과 자기 결정권을 갖추었으면서도 상처받기 쉽다는 것이 어떤 의미인지 생각하세요.

크래프트(1996)와 The Lost Boys를 시청하세요. 젠더와 소속감, 폭력을 고민하세요.

뱀파이어 다이어리 시즌 하나를 모두 보세요. 정신없이 빠르게 진행되는 전개가 어떻게 이야기를 마음껏 날뛰게 하는지 파악하세요. 그리고 캐릭터 중 아무도 복잡한 인물이 없다는 사실을 이해하세요. 이 작품의 캐릭터들은 단순하면서도 서로 불화를 일으키는 동기를 가졌으며, 누구나 볼 수 있도록 명백하게 드러냅니다.

Scarleteen과 Rookie Mag 사이트를 검색하고 훑어보세요. 십 대가 된다는 것이 무엇을 의미하는지 생각하세요.

아포칼립스 월드를 읽으세요.

৪০ 감사합니다 ৫২

몬스터하트 2판은 모든 RPG 팬 여러분의 후원과 도움 덕분에 세상에 나올 수 있었습니다. 그중에서도 특히 다음 열다섯 분에게 진심 어린 감사를 드리고 싶습니다.

한 분 한 분께 제 작품을 가능하도록 도와주신 데에 깊은 감사를 드립니다.

———————

로즈 데이비슨

셰럴 트루스킨-졸러

칼 리그니

에릭 페티그

스펜서 이스달

마크 디아즈 트루먼 & 마리사 켈리

숀 니트너 & 카렌 트웰브스

가빈 화이트

셰인 리블링

조 비슨

스콧 포스터

딜런 바흐

코리 앤라이트

⧼ 후원 감사합니다 ⧽

몬스터하트 2 한국어판은 여러분의 후원 덕분에
세상에 나올 수 있었습니다.

기본 세트

괴센
김현섭
라무
락천
레이
루와즈
마신출
보름달
붉은 F
손우희
여지
유구무언(백승우)
정재훈
청송산악회
팀펌블-에피
하민K

디럭스 세트

2spear
Bengi
doublecolor
Fluoxetine
GM
JAY
KAICHI
kthelimit
LERI_THE_RULER
Madker
malleusDei
NecT
ohnul
RPGstore
Sayge
Says
ScrapHeap
seithliw
sunny
TIN
Voe
Werber
가라간쟈
강지원
거스남편
건드레슈(박성영)
곰팡12
구르는사람들
권순모

그렉 주스. 한때 천하를 호령하는 티알피지의 제왕이었으나 현재 그는 노쇠하여 왕위를 계승할 후계자를 물색하고 있다.

기루
기탄잘리
김규민
김꼭새
김동율
김병욱
김선
김선영♥금승환
김수영
김주현
김지수
김현정
깜쌀몬과 마틴쿠스
나하야
날뛰는 연어
노는 여자들
노준식
녹차파우더
딱정벌레
로든
루루팡
루스
뮤아넨
미하엘
백광열
백호
베릴
보광동 사는 부셈이
비오던날
뽊썔땞녃깻깷꿸뚧뛞
사렌
사위며느리사랑하는쟈몽
새앙쥐
소류(SoRyu)
소어링
손준혁
습작
시엘린

실험체333호
심거식83
심제이
아라모찌
아세나
아프로
에스가 휀 크누트
엠제이케이
위꼴봇
유하
윤슬.Y
이루리
이망고
이봄
이정민
이찬희
이한나
자하선자
잠자는곰군0104
정하진
제이비
차준호
참소나무 전성호
창작집단 우유용
천기덕
청색낙오성
최현민
테시라브
통조림감자칩
팬마
플레잉즈
필리더
한리안
함
허소영
홉이바
화강암<<광물>>
흑귀야차
흑사탕(홍삼 99%)

색인